刊行によせて

　「47都道府県百科」シリーズは、2009年から刊行が開始された小百科シリーズである。さまざまな事象、名産、物産、地理の観点から、47都道府県それぞれの地域性をあぶりだし、比較しながら解説することを趣旨とし、2024年現在、既に40冊近くを数える。

　本シリーズは主に中学・高校の学校図書館や、各自治体の公共図書館、大学図書館を中心に、郷土資料として愛蔵いただいているようである。本シリーズがそもそもそのように、各地域間を比較できるレファレンスとして計画された、という点からは望ましいと思われるが、長年にわたり、それぞれの都道府県ごとにまとめたものもあれば、自分の住んでいる都道府県について、自宅の本棚におきやすいのに、という要望が編集部に多く寄せられたそうである。

　そこで、シリーズ開始から15年を数える2024年、その要望に応え、これまでに刊行した書籍の中から30タイトルを選び、47都道府県ごとに再構成し、手に取りやすい体裁で上梓しよう、というのが本シリーズの趣旨だそうである。

　各都道府県ごとにまとめられた本シリーズの目次は、まずそれぞれの都道府県の概要（知っておきたい基礎知識）を解説したうえで、次のように構成される（カギカッコ内は元となった既刊のタイトル）。

Ⅰ　歴史の文化編
　「遺跡」「国宝 / 重要文化財」「城郭」「戦国大名」「名門 / 名家」「博物館」「名字」
Ⅱ　食の文化編
　「米 / 雑穀」「こなもの」「くだもの」「魚食」「肉食」「地鶏」「汁

物」「伝統調味料」「発酵」「和菓子／郷土菓子」「乾物／干物」

Ⅲ　営みの文化編

「伝統行事」「寺社信仰」「伝統工芸」「民話」「妖怪伝承」「高校野球」「やきもの」

Ⅳ　風景の文化編

「地名由来」「商店街」「花風景」「公園／庭園」「温泉」

　土地の過去から始まって、その土地と人によって生み出される食文化に進み、その食を生み出す人の営みに焦点を当て、さらに人の営みの舞台となる風景へと向かっていく、という体系を目論んだ構成になっているようである。

　この目次構成は、一つの都道府県の特色理解と、郷土への関心につながる展開になっていることがうかがえる。また、手に取りやすくなった本書は、それぞれの都道府県に旅するにあたって、ガイドブックと共に手元にあって、気になった風景や寺社、歴史に食べ物といったその背景を探るのにも役立つことだろう。

＊　　　＊　　　＊

　さて、そもそも47都道府県、とは何なのだろうか。47都道府県の地域性の比較を行うという本シリーズを再構成し、47都道府県ごとに紹介する以上、この「刊行によせて」でそのことを少し触れておく必要があるだろう。

　日本の古くからの地域区分といえば、「五畿七道と六十余州」と呼ばれる、京都を中心に道沿いに区分された8つの地域と、66の「国」ならびに2島に分かつ区分が長年にわたり用いられてきた。律令制の時代に始まる地域区分は、平安時代の国司制度はもちろんのこと、武家政権時代の国ごとの守護制度などにおいて（一部の広すぎる国、例えば陸奥などの例外はあるとはいえ）長らく政治的な区分でもあった。江戸時代以降、政治的区分としては「三百諸侯」とも称される大名家の領地区分が実効的なものとなるが、それでもなお、令制国一国を領すると見なされた大名を「国持」と称するなど、この区分は日本列島の人々の念頭に残り続けた。

　それが大きく変化するのは、明治維新からである。まず地方区分

は旧来のものにさらに「北海道」が加わり、平安時代以来の陸奥・出羽の広大な範囲が複数の「国」に分割される。政治上では、まずは京・大阪・東京の大都市である「府」、中央政府の管理下にある「県」、各大名家に統治権を返上させたものの当面存続する「藩」に分割された区分は、大名家所領を反映して飛び地が多く、中央集権のもとで中央政府の政策を地方に反映させることを目指した当時としては、極めて使いづらいものになっていた。そこで、まずはこれら藩が少し整理のうえ「県」に移行する。これがいわゆる「廃藩置県」である。これらの統合が順次進められ、時にあまりに統合しすぎて逆に非効率だと慌てつつ、1889年、ようやく1道3府43県という、現在の47の区分が確定。さらに第2次世界大戦中の1943年に東京府が「東京都」になり、これでようやく1都1道2府43県、すなわち「47都道府県」と言える状態になったのである。これが現在からおよそ80年前のことである。また、この間に地方もまとめ直され、京都を中心とみるのではなく複数のブロックで扱うことが多くなった。本シリーズで使っている区分で言えば、北海道・東北・関東・北陸・甲信・東海・近畿・中国・四国・九州及び沖縄の10地方区分だが、これは今も分け方が複数存在している。

　だいたいどのような地域区分にも言えることではあるのだが、地域区分は人が引いたものである以上、どこかで恣意的なものにはなる。一応1500年以上はある日本史において、この47都道府県という区分が定着したのはわずか80年前のことに過ぎない。かといって完全に人工的なものかと言われれば、現代の47都道府県の区分の多くが旧六十余州の境目とも微妙に合致して今も旧国名が使われることがあるという点でも、境目に自然地理的な山や川が良く用いられているという点でも、何より我々が出身地としてうっかり「○○県出身」と言ってしまう点を考えても（一部例外はあるともいうが）、それもまた否である。ひとたび生み出された地域区分は、使い続けていればそれなりの実態を持つようになるし、ましてや私たちの生活からそう簡単に逃れることはできないのである。

＊　　　＊　　　＊

　各都道府県ごとにまとめ直す、ということは、本シリーズにおい

ては「あえて」という枕詞がつくだろう。47都道府県を横断的に見てきたこれまでの既刊シリーズをいったん分解し、各都道府県ごとにまとめることで、私たちが「郷土性」と認識しているものがどのようにして構築されたのか、どのように認識しているのかを、複数のジャンルを横断することで見えてくるものがきっとあるであろう。もちろん、47都道府県すべての巻を購入して、とある県のあるジャンルと、別の県のあるジャンルを比較し、その類似性や違いを考えていくことも悪くない。あるいは、各巻ごとに精読し、県の中での違いを考えてみることも考えられるだろう。

　ともかくも、地域性を考察するということは、地域を再発見することでもある。我々が普段当たり前だと思っている地域性や郷土というものからいったん身を引きはがし、一歩引いて観察し、また戻ってくることでもある。有名な小説風に言えば、「行きて帰りし」である。

　本シリーズがそのような地域性を再発見する旅の一助となることを願いたい。

2024年5月吉日　　　　　　　　　　　　　　執筆者を代表して

　　　　　　　　　　　　　　　　　　　　　　森岡　　浩

目　　次

Ⅳ　風景の文化編　145

【注】本書は既刊シリーズを再構成して都道府県ごとにまとめたものであるため、記述内容はそれぞれの巻が刊行された年時点での情報となります

熊本県

▌知っておきたい基礎知識▐

- ・面積：7409km²
- ・人口：170万人（2024年速報値）
- ・県庁所在地：熊本市
- ・主要都市：八代、玉名、人吉、菊池、荒尾、宇城、宇土、合志、水俣、阿蘇、天草
- ・県の植物：クスノキ（木）、リンドウ（花）
- ・県の動物：ヒバリ（鳥）、クルマエビ（魚）
- ・該当する令制国：西海道肥後国
- ・該当する領主：熊本藩（加藤氏・細川氏）、人吉藩（相良氏）
- ・農産品の名産：コメ、イグサ、スイカ、トマト、牛など
- ・水産品の名産：マダイ、ヒラメ、クルマエビ、ノリ、イカなど
- ・製造品出荷額：3兆2234億円（2022年）

●県　章

「くまもと」の「く」の字を九州全体の地形に合わせて図案化したもの。中央の丸が特に熊本県を表している。

●ランキング１位

・イグサの生産量　全国生産量のほとんどを占める。イグサは畳 表を編む際に使われる草である。湿地を好み、また塩気のある土地でも育ちやすいことから、水田を使わない冬において裏作として栽培されており、熊本県では戦国時代のころから干拓地の多い（つまり土壌にやや塩気がある）八代平野周辺で生産されてきた。現在の県内における主要産地も八代平野を中心に、宇土半島南部地域と球磨川流域である。なお、このイグサの特性のため、かつては瀬戸内海沿岸地域、特に岡山県南部平野の干拓地での生産が盛んであった。

●地　勢

　九州地方の中央部西側の一帯を指す。北部においては九州山地から流れ下る菊池川や白川、緑川は熊本平野や玉名平野を形成すると同時に豊富な湧水をもたらし、この一帯を九州有数の豊かな土地とした。特に熊本市では、水道の大半が地下水によって提供されていることで知られている。このような湧水は東にそびえる大火山たる阿蘇山によって育まれている。国内最大のカルデラ地形で知られる阿蘇山は、そのカルデラ内平地にあたる南郷谷と阿蘇谷を外輪山内に抱えており、いずれも古くから開けている。

　これに対して南部沿岸部の八代より南には平地が少なく、県内有数の大河である球磨川の流域も、下流の八代平野と上流部の人吉盆地の間には蛇行した険しい峡谷が続いている。この山岳地帯の北側には五木村のような古くから秘境として知られる地域も含まれる。沖に浮かぶ天草諸島にふさがれた浅い内海の不知火海（八代海）は古くから好漁場として、水俣など平地が少ない沿岸部の漁民の生活を支えてきた。

　西の沖合には上島と下島の二つの大きな島を中核とする天草諸島が浮かび、その北に干潟の多い有明海が広がっている。ただし、九州本島と天草とを分ける宇土半島先端付近の海峡は深く、古くから重要な航路であった。

●主要都市

・熊本市　熊本平野を流れる白川の中ほど、古くより肥後国府がおかれて開けた地域にある県庁所在地。現在の都市は中世城郭を加藤清正が大改修して誕生した名城熊本城とその城下町に由来し、九州の陸上交通の要衝で

ある。南部の川尻も鎌倉時代から江戸時代を通じて、肥後有数の港町として栄えていた。また、豊富な地下水でも有名。
・八代市　室町時代の徳渕津から栄えた球磨川の河口にある南部沿岸部の中心地であり、熊本藩の時代においてもここの城の維持が許された交通の要衝。周辺の平野は江戸時代に干拓が進んで形成された。
・玉名市　肥後の穀倉地帯である玉名平野と菊池平野を後背地として、古代以来の菊池川の港町、熊本藩の米の積出港として繁栄した高瀬を中心とする都市。隣の荒尾市は三池炭田で知られている。
・菊池市　中世に北部地域に勢力を持った豪族菊池氏の本拠地であった隈府を中心に周辺市町村が合併してできた都市。江戸時代以降も菊池平野の流通の中心地として栄えていた。
・人吉市　南西部の球磨川上流域にある、鎌倉時代以来の相良氏の本拠地兼江戸時代の城下町として栄えた球磨地域の中心地。風情ある城下町としても知られるが、洪水を起こしやすい球磨川のほとりにあるため、たびたびその被害を受けている。
・水俣市　南部沿岸地域、薩摩街道の宿場町兼塩の産地として知られていた小都市。近代において「チッソ」の排水処理の怠慢から不知火海沿岸にすむ多数の人々に麻痺などの健康被害をもたらした水俣病を経て、山林と不知火海の環境の再生と保全に特に力を入れている。
・天草市　上島と下島を繋ぐ本渡の町を中心として、天草地域の市町村が合併してできた都市。豊かな自然で知られる。
・阿蘇市　阿蘇山の北に広がるカルデラの谷にある市町村が合併してできた都市。阿蘇山や阿蘇神社をはじめとして観光資源が多い。

●主要な国宝
・青井阿蘇神社　人吉市の中心部にある神社。国宝に指定されているのは江戸時代初頭に建築された本殿、廊、幣殿、拝殿、楼門とそれを示す銘札である。江戸時代の中でも特に初期で桃山様式に近い華やかな装飾や、神仏習合を示す装飾、南九州特有の雲龍などの装飾が評価され国宝となった。
・通潤橋　中部の上益城郡山都町にある台地を開拓すべく、1854年にかけられた石造りのアーチ式水道橋。この水道橋は江戸時代の後期から明治時代にかけて九州地方の各地の橋や東京の日本橋などの建築に携わった肥後の石工集団によるものであり、きれいな曲線と、水道維持のための水の

放出の風景で知られている。また、熊本藩は他藩に比べると税が重めな一方で、その分「手永」と呼ばれる地域レベルでの新田開発や用水路整備・生活保護といった公共の事業が盛んかつ継続的に行われていたことで知られる。この橋も地域を管轄する矢部手永の惣庄屋であった布田保之助を中心に、郡代をはじめとした藩の役人や地元住民の協力、また整備されていた事業の請願などの機構が功を奏して行われている。

●県の木秘話

・クスノキ　佐賀県や兵庫県でも県の木とされているクスノキ科の常緑樹。熊本県内にも盛んに生い茂り、県内には熊本城の元になった城の城主の墓がある「寂心さんの樟」や、江戸時代に熊本市の藤崎八旛宮が鎮座していたあたりに生える多数のクスノキが名木として知られている。

・リンドウ　ラッパ状の5弁の紫色の花を咲かせるリンドウ科の植物。長野県の県の花でもある。熊本県では特に阿蘇山の周辺が自生地として知られている。

●主な有名観光地

・阿蘇神社　古くから肥後一宮として阿蘇山の神をまつり、また地元豪族である阿蘇氏が代々大宮司を務めてきた神社は、仏閣状の堂々とした楼門や拝殿を有し、熊本藩の支援も代々受けてきた。2016年熊本地震では県内の主な文化財と同様に、楼門や拝殿が倒壊するなど甚大な被害を受けているものの、2023年に無事再建された。最近では戦後の混乱で行方不明になった神刀「蛍丸」が再現され奉納されたという話題もある。

・阿蘇山と草千里ヶ浜　九州地方のほぼ中央部にそびえる阿蘇山は、巨大なカルデラ地形によって知られ五つの嶺からなる大火山である。北の阿蘇谷・南の南郷谷ともに多数の湧水を有し、ここに源流を発する白川は熊本平野を潤している。阿蘇の中岳をはるかに見渡す広大な草原「草千里ヶ浜」は古くは放牧地であり、定期的な野焼きなどによっても維持されてきた。

・熊本城　反り返った武者返しの石垣や精巧な石垣、坪井川などを取り込んだ縄張りに黒を基調とした天守などの建築物で知られる熊本城は、築城の名人ともいわれる加藤清正が居城として築いたものである。その堅牢さゆえ、南の薩摩を警戒してとも、豊臣秀頼を万一の際に迎えるためとも諸説語られてきたが、1877年の西南戦争ではその薩摩から北上してきた西郷

隆盛軍に対して50日の包囲に耐えて落城せず、日本史上現在まで最後となった内戦においてその堅牢さを見せつけた。天守はこの際に炎上しているが、その後戦後に再建されている。現在は2016年熊本地震の被害からの修復工事が進められている。

・三角築港（みすみちっこう）　宇土半島の突端近くに明治時代の初頭になって、西洋式の築港工事が行われた。近隣の山から石を切り出して作られた波止場や築堤は、全体的に水深が浅いためもあって良港に恵まれない熊本県にとっては念願の港であり、明治時代を通じて栄えたが、その後、鉄道が険しい地形にはばまれてここまで達することができず、急速に衰えた。しかし、その分当時の築港の設備をよく残している。

・人吉城下町　球磨地域の古くからの中心地として栄えた人吉には古い町並みが残り、周辺に数多い寺社仏閣やのどかな風景と合わせた観光地としても知られている。

・黒川温泉　阿蘇外輪山のやや北がわ、南小国町（みなみおぐにまち）にある温泉街はかなり古くから知られていたが、その露天風呂や街並みを目当てに多くの人々が訪れるようになったのは近年のことである。30件ほどの旅館がならぶ温泉街を一つの宿にみたてて、温泉街全体での修景や取り組みを進めている、穏やかな温泉街である。

●文　化

・清正公伝説（せいしょうこうでんせつ）　熊本藩の初代藩主である加藤清正は、熊本城を築城し、また国内での戦いや朝鮮侵攻など多数の武勇の伝説、さらには肥後国内の治水や開拓に至る様々な業績で知られており、江戸時代の初期にはすでにその信仰の原型ができていたと伝えられる。熊本市内にある本妙寺がその霊廟（れいびょう）として有名である。また、実は関東地方でも、熊本藩邸の旧地にある覚林寺（かくりんじ）（港区）に清正公堂があり、周辺の信仰を集めている。本妙寺も覚林寺も清正が篤く信仰していた日蓮宗の寺であり、また開山の上人も朝鮮から連れてこられ、後に清正の供養を志したという伝承がある。

・湧　水　阿蘇山の噴火の影響で、水を通しやすい凝灰岩質（ぎょうかいがんしつ）や火砕流（かさいりゅう）由来の地質が多い熊本平野や阿蘇山の一帯では多数の湧水が湧き出ているが、南阿蘇の一帯はそのためにトンネルが掘れずに鉄道の建設が中止になったほどでもあり、周辺地域の利用も多い。熊本市に至っては、水前寺（すいぜんじ）の江津湖周辺をはじめとして巨大な帯水層があり、政令指定都市として70万人以

上を抱える市の水道がほぼ地下水によって供給されているという、全国でも異例の状況である。

・肥後象がん　古くは鉄砲の金具や武具に金属を彫り込んだことに始まる伝統工芸品は、江戸時代の初頭に熊本藩主加藤家に招かれた鉄砲鍛冶に始まるとされる。その後、細川家の歴代藩主にも保護され、現代では装飾品や茶の湯にも用いられている。同じく江戸時代かつ武家に由来する金属製品としては、菊池地域で活動したという刀工の同田貫の名が知られている。

●食べ物

・馬刺し　馬の生肉を薄く切ったものをおろしにんにくや醤油などをつけて刺身のように食べる料理。由来を語る伝承には加藤清正が朝鮮侵攻に従軍した際に軍馬を食べた、というものがよく語られるが、実際に郷土料理として広まったのは肉食解禁後の明治時代以降、牧場が多数ある阿蘇地域からと推定されている。なお、当然ながら生肉であるので、食用の際には必ず衛生管理がされたものであることが必須である。

・からし蓮根　レンコンの穴に辛子味噌を詰め込んで揚げた料理。レンコンは多数の水源の影響で池や沼が各所にある熊本平野部の名産である。なぜからしを詰めることになったかについては、細川家が熊本に入った時の当主である忠利が日頃の不調に悩んでいたところ、僧侶が文献を調べて、精の付く食品として知られていた辛子を同じく健康にいい食品である蓮根に詰めて提供したことが始まりとされている。

・がねあげとぶたあえ　天草地域は山がちで水田が少ないため、南からはいったサツマイモや、野菜、またタコなどの魚が主要な食糧となっていた。法事の時に魚に見立てたサツマイモの揚げ物が「がねあげ」、味噌で野菜とタコなどを和えたものが「ぶたあえ」である。

●歴　史

●古　代

　熊本県の県域は多くの河川に恵まれ、また古くから大陸との玄関口になってきた筑紫地域にも近いことから、縄文・弥生時代の集落遺跡や古墳も多数発見されている。特に有名なのは玉名郡和水町の江田船山古墳（5世紀後半）で、発掘物には漢字が刻まれたものとしては国内で最も古い事

例の一つである太刀が出土した。山鹿市を中心とした装飾・彩色が施された古墳もよく知られ、特にこれらについては筑紫地域の豪族の影響を受けていると推定されている。有力な古代の豪族も多く、阿蘇の谷や北部の菊池地域の低地や、南部の不知火海の沿岸地域などにいたと後代の『国造本紀』の記述なども踏まえて推定されている。特に阿蘇については、阿蘇神社の信仰と結びついて長く存続する。

　また、南部の球磨川上流域のあたりは、そのままさらに南の大隅・薩摩北部まで続く諸部族の領域であったとみられ、『古事記』などに登場する近畿地方の朝廷に征服されていく熊襲（クマソ）という民は、この地方の人々ではないかと考えられている。

　肥後・肥前の両国があるように、九州西部地域にはかなり大きな勢力があったと考えられているが、少なくとも700年ごろまでには肥後国という一つのくくりが確立し、国府は何回かの移動はあるものの、熊本市近くに所在したようである。肥後国は九州の中でも特に田畑の多い豊かな国で、律令制下の分類でもトップレベルの重要性とされる大国になるほどであった。こうして県域には北の筑前にある大宰府の関連で下向した官人などを中心に荘園が開かれた。中世に長く県域有数の豪族として知られることになる菊池氏の祖も、この平安時代の後期にあたる11世紀に菊池市周辺に定着したとされている。かくして官人や武士によって、ますます荘園や田畑の開発が進められていった。

●中　世

　大国かつ貿易港の博多にも近い肥後は、平家政権の時代にも平家一門が国司を務めるなど重要視された。このころの肥後は、大まかには国府の統制が比較的及ぶ北部地域と、国府主導の体制に対しては辺縁部となる南部地域に分かれていたらしい。やがて鎌倉時代となると、肥後の平家所有荘園は没収されて、南部の球磨川流域に長く勢力を持つ相良氏などが新たに入ってきた。ただ、北部地域では菊池氏が後に壊滅と言っていいほど衰退したために、当時の実態がわかる資料があまり残っていない状況である。この時代の文化史上特筆できる点としては、元寇の襲来において恩賞確保のために肥後の小武士であった竹崎季長が「蒙古襲来絵詞」を描かせたことで知られている。

　南北朝の内乱で後醍醐天皇方についた菊池氏は、九州地方を抑えるため

にやってきた懐良親王を支援し、室町幕府方の探題今川了俊と争いを繰り広げる。しかし、最終的に妥協して、室町時代前期にはこの菊池氏が肥後国守護職を獲得し、隣接する筑後にも勢力を伸ばした。この時代に現在の菊池市にあたる隈府の町と館が整備され、当時の肥後において有数の都市としてにぎわっており、また玉名地域に設けられた高瀬津が中国・朝鮮との貿易で栄えた。

　ただし、菊池氏が肥後国内で安定して支配できたのは、平安時代の状況がほぼ引き継がれるように北部地域、特に玉名・菊池を中心とした平野部が中心であった。これ以外の地域には、阿蘇神社の宮司を兼ねて阿蘇地域一帯に堅実な勢力をもつうえに平野南部にも勢力を持つ阿蘇氏や、分裂しつつも球磨川流域を強固な基盤としたうえに河口部に中世肥後有数の港湾である徳淵津（八代市）を持つ相良氏、天草の島々に依る諸豪族などが並立し、全域を支配できる状況ではなかった。加えて、隣国豊後を中心に筑前など九州北部地域に勢力を拡大する大友氏の圧迫をうけて、16世紀中ほどには菊池氏はわずかな子孫を残して滅亡。ほぼ同時期に阿蘇氏も戦国大名としては滅亡し（阿蘇神社の宮司としては存続）、肥後一帯は在地の小豪族（国人）と島津氏や大友氏などの有力大名とが勢力争いを繰り返す舞台と化した。

●近　世

　1587年、九州地方を制圧した豊臣秀吉により肥後には佐々成政が封じられる。ところが、国人への検地などでの対応がきっかけとなって肥後全域の豪族が参加する「肥後国人一揆」が発生。この鎮圧に伴い、相良氏を除いて肥後の主な豪族はほぼ滅亡の憂き目にあった。この後に南部の八代沿岸地域に入るのが小西行長、北部地域に入るのが有名な加藤清正であり、関ヶ原の戦いの後では小西行長の領地が加藤家に与えられる。清正は一方では周辺有力大名への備えや朝鮮侵攻のために重めの税などの負担や武装を領民に余儀なくした、という面がある一方、氾濫を繰り返していた肥後の河川の治水を広く行い、干拓を進めて農地を増やし、また熊本城（このころに「隈本」から字が変わったとされる）の築城を行うなど多数の取り組みを行い、また彼個人の武勇の伝説と合わせて後に「清正公」として神のように信仰されるほどになった。なお、藩領が広く、また大藩の薩摩藩に接していることもあって、一国一城の例外として八代城の城としての存

続が認められている。

　一方の諸島部では、唐津（佐賀県）の寺沢氏の領地となっていた天草において当時としても過大な重税がかけられ、ちょうど対岸の島原でも起こっていた板倉氏の悪政への反発と呼応して1637年に島原・天草の乱が発生。乱自体は鎮圧されるものの、事態を重く見た幕府によってこれ以降の天草はおおむね幕府直轄領として推移する。

　加藤家は2代で改易となり、代わって小倉から入った細川氏がこれ以降江戸時代を通じて肥後の大半を支配する。熊本藩は豊後（大分県）にも鶴崎（大分市）や野津に飛び地領地を持ち、そこを通過する形で熊本から鶴崎に至る肥後街道を参勤交代で利用したため、この街道や県域を南北に貫く薩摩街道がにぎわった。米の生産も多い一方、藩財政は災害と藩主の放漫が重なり早くから危機的状況に陥っていた。これを立て直し、国内でも先駆的な刑法典の整備、藩校・医学校の整備、手永（おおよそ郡と村の中間位の規模で地方を管轄する組織）の財源と権限の拡大による地方行政に携われる層の拡大と活発な開発をもたらした18世紀中盤の藩主である細川重賢の名はよく知られている。

　南部の人吉（球磨地域）の領内においても、球磨川の水運の改善や、山向こうの管轄地域である日向山間部を含めた山の産品の開発が進んでいった。一方で人吉藩はたびたび家臣団の間で政争が多発したことでも知られている。

●近　代

　財政難とは言え先述の改革の影響で藩政がかなり安定していた影響もあり、熊本藩では主には親幕府的な保守派が権力を握り、明治維新においても中央新政府の発足に藩としては大きな影響は与えなかった。ただし、藩校に飽き足らずに学問を重んじた実学党から横井小楠という人物が出ており、福井藩に招かれて藩主の顧問として大きな影響を与えている。また、彼の門人も明治維新後に熊本藩に登用されて、諸税の減免や熊本城廃城構想など当時としても革新的な政策をとっている。そのため、政府から派遣された県令によって関係者が罷免されるが、さらにその後、勤王派の過激派が廃刀令をきっかけにして神風連の乱（1876年）を起こして当の県令を殺害するという事態を引き起こした。その翌年に西南戦争が発生するなどして、不平士族の関係者の勢力が大きく抑えられた。結果的に熊本県の県

域ではその復興に伴っても多数の学術機関が誘致され（夏目漱石の英語教師としての赴任も有名）、また県会も早期に開設されるなどしている。なお、1871年の廃藩置県とその整理の結果、旧人吉藩領と沿岸地域、天草を管轄する八代県と、北部地域を管轄する熊本県がおかれ、両県が1876年に合併して現在の県域が確定した。

　これ以降の熊本県は、九州地方の中心をなす県として発展する。重工業こそ九州地方内では福岡県に譲ったものの、戦前までは政府の出先機関なども集中していた。戦後の高度成長期には化学工業の発展もみたが、南部の水俣では四大公害病の一つである水俣病（有機水銀中毒）を引き起こし、長く地域住民を苦しめた。豊かな農産物の生産は現代まで健在であり、また近年ではTSMCの誘致などをはじめとして半導体や高度産業の誘致にも取り組んでいる。全県的には天草や南部地域の過疎が課題となりつつあり、また2016年の熊本地震では県内各地で甚大な被害が発生したが、阿蘇や相良、熊本城への観光客も多く、近年では2011年に開通した九州新幹線により交通の便も改善している（余談だが、新幹線開通に向けてお披露目されたキャラクター「くまモン」はいまや熊本県を代表するキャラクターと化している）。

【参考文献】
・松本寿三郎ほか『熊本県の歴史』山川出版社、2012

I

歴史の文化編

遺　跡

チブサン古墳（玄室石棺）

　熊本県は、九州の中央部、北は福岡県に、東は大分県と宮崎県、南は鹿児島県にそれぞれ接し、西は有明海に臨む。いわゆる地帯構造線が、四国から大分県臼杵を経て熊本県八代を結んで走っている。大分県との境に、湧蓋・久住・祖母の峰々、宮崎県との境には国見・烏帽子・江代・市房の峰々があり、これらの山々から発する筑後川、菊池川、白川、緑川、球磨川などがいずれも西流し、中流には小国・阿蘇・矢部・甲佐・中球磨の盆地、下流に玉名・熊本・八代の広大な平野を形成して有明海、不知火海に至る。西には天草上島・下島・大矢野島など、無数の島々が点在している。

　遺跡の分布としては、県北部で旧石器時代の遺跡も認められ、縄文・弥生時代の遺跡は旧海岸線や内陸部、山間部などに各地に認められるが、古墳や横穴群は県北部を中心に分布し、県内に195基存在する装飾古墳は著名である。古代九州は、筑紫・火・豊・曾の4国に分かれており、肥後国は、大部分を火国に属していた。7世紀末、肥前・肥後などの国として分化した。国府は、天平年間以前の益城国府（下益城郡城南町）から託麻国府（熊本市国府）に移り、次いで飽田国府（同市二本木）に移ったとする説が有力であるが、明確ではない。益城国府近くには熊本県内で最古級とされる陳内廃寺があり、託麻国府近くには国分僧寺・国府尼寺跡が確認されている。一宮は阿蘇神社である。

　肥後国は、王家領と安楽寺領の荘園が多いとされ、菊池氏は大宰権帥藤原隆家の郎等で、阿蘇氏は阿蘇社の神主家、益城郡木原山一帯には木原氏が勢力を広げた。鎌倉時代は守護として名越氏、安達氏が就任したが、後に北条得宗家が掌握した。南北朝期には菊池氏が南朝方で活躍するが、その後制圧され、大友氏が肥後の守護となる。戦国時代には北部で竜造寺氏、南部は島津氏の進入が始まり、一時、北部は竜造寺氏の支配下に属したが、島津氏が肥後国統一をなしとげた。豊臣秀吉による九州平定後は、

　凡例　史：国特別史跡・国史跡に指定されている遺跡

肥後北半国を加藤清正に、南半国を小西行長に与え、球磨郡は相良氏に安堵した。関ヶ原の戦い後、加藤氏が肥後1国の領主となり（球磨郡を除く）、熊本城と城下町を完成したが、子の虎藤（忠広）の代に改易、細川氏が入り肥後国を統治した。廃藩置県後は、熊本県と人吉県が置かれた。1871年11月には熊本県と八代県になるも、1872年6月には合併し白川県となった。1876年に熊本県と改称した。

主な遺跡

沈目遺跡

*熊本市：浜戸川右岸の舞ノ原台地、標高約30〜35mに位置
時代 旧石器時代〜平安時代

1972年の調査で古墳時代の住居跡が検出された。近年、始良 Tn 火山灰の直下から、鋸歯状削器などの石器が出土し、注目を浴びている。

轟貝塚

*宇土市：宇土半島の丘陵東端、台地縁辺の標高約10mに位置
時代 縄文時代前期

1919年に浜田耕作、清野謙次らによって発掘調査が実施された。縄文早期末から前期にかけての土器や人骨18体分も検出され、その後も多くの人骨を出土している。轟貝塚として有名なのは須崎であるが、水田を隔て東側の西岡台の北西端にも貝層があり、この2地点を総称して轟貝塚と呼ぶ。マガキ、ハイガイを主体とする内湾性の貝塚である。1958年に行われた発掘調査を基に、松本雅明らが1961年、『考古学雑誌』第43巻第3号に「轟式土器の編年」の表題で、縄文時代前期を轟 A・B・C・D の4型式に細分し、編年を試みている。その後も調査が断続的に行われており、1983年にはドングリを埋蔵した貯蔵穴が検出されている。なお、石器にはサヌカイト製のものが多く見られる。

三万田東原遺跡

*菊池市：合志川と菊池川に挟まれた台地上、標高約80mに位置 時代 縄文時代後期

1931年に在野の考古学者坂本経堯により発掘が行われ、多数の遺物を検出した。遺跡の規模は東西500m、南北300mの広範囲に及ぶ。

1968〜69年に農業構造改善事業に先だって調査が実施され、縄文時代の竪穴住居跡2基を検出し、九州では初の完掘事例となった。遺跡西側には、積石をもつ土坑や甕棺が検出されている。出土遺物は、「三万田式」の標識土器のほか、石斧・石鏃・石匙なども検出されている。特に十字形石器や石棒のほか、扁平な打製石器や土偶の出土量も多く、原始勾玉や垂飾なども発見されており、初期農耕文化の存在を示唆するものとして関

心を呼んだ。ちなみに、上南部遺跡（熊本市）では、後頭を球形として、顔面平坦で眼を形成する特徴をもつ土偶が100点以上出土しており、著名である。

二子山石器製作遺跡
＊合志市：菊池台地の中央、二子山（標高85m）に位置　**時代**　縄文時代後期〜晩期

1930年に坂本経堯によって発見され、開発計画に先立ち、1965〜70年にかけて、断続的に調査が行われた。二子山山中には金峰山火山系の玄武岩質安山岩の露頭が認められるが、ここから採集、剥離した石材や石器の製作時に生じる砕片、石器の未製品などが多数堆積していた。石器製作跡であることが確認された。石器の形態は主に扁平打製石斧であり、本遺跡周辺で出土する石器も二子山産石材によるものが多く認められ、一説には約15km程度の供給圏の存在も指摘されている。なお、この丘陵には2基の円墳が存在し、それが地名の由来であるといわれている。

方保田東原遺跡
＊山鹿市：菊池川中流右岸の台地、標高約35〜40mに位置　**時代**　弥生時代終末期〜古墳時代初期　**史**

1950年に原口長之によって発掘が行われ、その後1972〜84年にかけて山鹿市教育委員会が調査を実施した。広大な集落遺跡であり、約10万m²の範囲を有し、竪穴住居跡120軒以上、木棺墓、溝などが認められている。遺物では、巴形銅器が検出されているほか、鏡や銅鏃など青銅製品も多く出土した。また鉄製品も多く、鉄鏃、刀子、手鎌などのほか、石庖丁形態の鉄製包丁も検出されている。加えて板状や棒状などの形態の鉄素材も認められ、2軒の住居跡に集中することから、工房的な位置づけにあったことを物語っており、貴重である。

チブサン古墳
＊山鹿市：菊池川支流、岩野川右岸の台地東端、標高約50mに位置　**時代**　古墳時代後期　**史**

主軸長44m、後円部径24m、前方部幅15.7m、高さ7mを測る。墳丘には埴輪、葺石が確認され、北側に濠が残る。後円部南側に開口する石室は複式の横穴式石室であり、後室の奥に長さ2.3m、奥行0.9m、高さ1.45mの家形石棺が置かれる。石室内側に赤、白、青による彩色、装飾が施されていることで著名である。まず右側壁には、7つの円文と王冠をかぶった人物が、また正面と左側壁には、円文と三角文で構成されたものが描かれる。正面中央の円文と菱形は特徴的で、女性の乳房にも似ているというところから、地元では乳の神として信仰され、「チブサン」の名の由来ともされている。墳丘上には石人が残存していたといわれ、現在東京国立博物

館に収蔵されている。

　なお、西方200mに隣接するオブサン古墳は円墳で、やはり装飾を有する。平安時代の追葬や近世以降の信仰（チブサン〈乳房さん〉に対してのオブサン〈産さん〉）の奉賽銭なども認められる。また、1977年の西南戦争では、前室部の閉塞石などが出され、掩体の一部として使用された。

　全国で確認されている660基の装飾古墳のうち、約3割にあたる195基が熊本県に存在しており、特に山鹿市周辺、菊池川流域では117基の装飾古墳が確認されている。弁慶が穴古墳（山鹿市）、大坊古墳（玉名市）や裂裟尾高塚古墳（菊池市）のほか、井寺古墳（上益城郡嘉島町）は1857（安政4）年5月13日の地震により崩壊し、発見されたという。明治後期に盗掘され、1916〜17年に熊本県内の装飾古墳の実測調査が行われた折、本古墳の特異な装飾文様が「直弧文」と命名されたことで知られる。他方、人物像などを浮彫とした鍋田横穴（山鹿市）や、赤色などで文様の彩色された石貫穴観音横穴（玉名市）、石貫ナギノ横穴群（玉名市）は、装飾の施された横穴墓群として著名である。なお、石貫穴観音横穴は後世に、観音菩薩が浮彫され、「穴観音」として現在も信仰の対象となっている。

江田船山古墳

＊玉名郡和水町：清原台地の標高約30mに位置
時代 古墳時代後期　　　　　　　　　　　　　　　　　　　史

　1873年に、後円部の石棺式石室（横口式家形石棺）から多数の副葬品が一括して出土した。1917年に京都帝国大学の浜田耕作、梅原末治によって調査が行われた。さらに1954年に梅原が再調査を実施、その後も町教育委員会や県教育委員会よって調査が実施されている。前方後円墳を呈し、現存する墳丘の主軸長は47mだが、かつては67mあったと考えられている。後円部径約41m、前方部幅約40mと推定される。高さは後円部10m、前方部7.5m。3段築成で後円部の中央に、西に開口した横口式家形石棺があり、4枚の板石を組み合わせて棺をつくり、蓋は屋根型を呈する。

　出土遺物としては、棺内から青銅鏡（神人車馬画像鏡・画文帯神獣鏡・獣帯鏡・変形四獣鏡など6面）、金製耳飾、金銅沓、金冠、甲冑などが検出され、朝鮮半島の新羅、百済系や中国六朝系の要素が認められる。なかでも、75文字の銘文および馬像の銀象嵌の施された鉄製大刀は著名である。当初は刻まれる人名「獲□□□歯大王」を反正天皇としていたが、稲荷山古墳（埼玉県行田市）の金錯銘鉄剣に「獲加多支歯大王」が認められたことから、雄略天皇説が有力となった。王名以外に、治天下・奉事・典曹人・八月中など、「辛亥」銘鉄剣と共通する語が見られる。銘文の内

容は、「ワカタケル」に典曹人として奉事する「无［利］弖」が大刀をつくった経緯、着刀する者への吉祥句、大刀の製作者、書銘者の名である。

　本古墳近辺には、西南戦争で砲台が設けられた塚坊主山古墳（和水町）をはじめ、虚空蔵塚古墳、京塚古墳などがあり、清原古墳群として知られている。なお、塚坊主山古墳は玄室内の石棺式石室（石屋形）の奥壁および左右の側壁に装飾が認められ、県内最古級の装飾古墳とされている。

鞠智城跡　＊山鹿市：台地上、標高145ｍに位置　時代 飛鳥時代　史

　周囲の3.5km、面積約55ha の規模をもつ、いわゆる「朝鮮式山城」であり、1967年より県教育委員会によって断続的に発掘調査が行われ、八角形建物跡をはじめとする70棟以上の建物跡や貯水池跡、土塁跡などの遺構が検出された。『続日本紀』698（文武天皇2）年5月甲申条に城名が初出するが、築城や廃城の時期は不明である。

　中心域と想定される台地の周縁は、北・西側が丘陵、東・南側は急崖となり、天然の要塞となっている。また、西側の尾根上には内側に犬走状の平坦面を形成した土塁が認められる。土塁の切れ目に門礎と推定される遺構も認められる。発掘調査では、21棟の礎石建物跡が検出されている。特に1棟は堅牢な礎石で、周囲より焼土や炭化米などが認められたことから、米倉である可能性が指摘されている。また、柱穴が建物の外壁部分だけに掘られた、側柱の掘立柱建物跡や総柱の掘立柱建物跡も検出され、前者は兵舎、後者は倉庫としての利用が推定されている。加えて八角形建物跡は4基認められており、朝鮮半島との関わりを示唆するものとして注目されている。

国宝 / 重要文化財

通潤橋

地域の特性

　九州地方の中西部に位置し、西側北は島原湾、南は八代海に面し、西側中央から宇土半島が突出して、その先に天草諸島がある。県中央を東西に中央構造線が走り、この線の北側東部に阿蘇山、北部に筑肥山地が横たわる。菊池川、白川、緑川、球磨川などの河川流域に菊池（玉名）平野、熊本平野、八代平野が広がっている。構造線の南側に九州山地が北西から南東へのび、人吉盆地をはさんで、南端で国見山地が東西にのびている。県央部の熊本は古くから政治・経済・文化の中心地で、近年は先端技術産業が積極的に進められている。八代海沿岸では臨海工業が発達したが、水俣では公害問題が現在も尾を引いている。巨大カルデラ火山の阿蘇地域では、高原を利用した畜産が盛んで、また日本有数の観光地でもある。球磨焼酎で有名な人吉盆地は、歴史に富んだ地域である。

　畿内大和王権との関係を銀象嵌の金石文で示す大刀が江田船山古墳から出土し、古くから有力な豪族がいたと推測されている。古代律令制の衰退とともに、荘園を母体とする阿蘇氏、菊池氏などの武士団が台頭した。南北朝時代に菊池氏は南朝側に付いて活躍したが、両朝合一後に衰退した。戦国時代には争乱が続き、南から島津氏が攻めてきた。豊臣秀吉の九州平定後に佐々成政、加藤清正、小西行長が領主となった。江戸時代に細川氏の熊本藩54万石と三つの小藩、天草の天領が置かれた。明治維新の廃藩置県後、1873年に白河県に統合され、1876年に県名が白河県から熊本県に改称された。1877年の西南戦争の時に熊本城は攻囲され、天守が焼失した。

国宝 / 重要文化財の特色

　美術工芸品の国宝はなく、重要文化財は38件である。建造物の国宝は1件、重要文化財は29件である。旧熊本藩主細川氏伝来の美術品は、主に東京都の永青文庫に収蔵され、多数の国宝 / 重要文化財が含まれている。

2016年の熊本地震では文化財にも大きな被害が生じた。なかでも倒壊した熊本城、阿蘇神社の無残な姿が全国に報じられた。

◎阿弥陀如来坐像

人吉市の願成寺の所蔵。鎌倉時代前期の彫刻。願成寺は、遠江（静岡県）出身で人吉球磨地方を鎌倉時代から江戸時代まで統治した相良氏の菩提寺で、1233年に創建された。阿弥陀如来坐像は像高110.8cmで、檜材の寄木造である。ふくよかな頬をした穏やかな顔貌は平安時代後期の様相を示すが、細目をややつり上げて厳しい表情もうかがえる。両肩を衲衣でおおった通肩で、浄土に使者を迎える来迎印を結んで蓮華座に坐す。衣文や体部の写実的手法に鎌倉時代前期の特色が見られる。この仏像は、多良木町戸井口にあった妙法寺、もしくは深田町勝福寺の本尊だったが、普門寺に安置され、さらに相良頼寛によって1658年に願成寺金堂へ移されたと伝えられている。鎌倉時代前期の人吉地方の繁栄を示す仏像である。

◎天草四郎時貞関係資料

天草市の天草キリシタン館で収蔵・展示。江戸時代前期の歴史資料。1637〜38年に起きた島原の乱で、首領となった益田時貞（天草四郎）が使用していたとされる指物（陣中旗）である。16世紀後半に天草にキリスト教が伝わり、1587年の豊臣秀吉による伴天連追放令後も、天草ではキリシタンが保護された。教育機関が移されて印刷機で書物を出版するなど、天草は一大拠点となった。しかし1613年の禁教令以降、天草のキリシタンも弾圧されるようになった。1637年10月に対岸の島原で強圧的支配に対して一揆が起こり、ほぼ同時に天草も蜂起した。合流して約3万7,000人となった一揆勢は、島原南部の原城跡に籠城したが、翌年2月27・28日に幕府側13万人による総攻撃で粉砕された。指物は縦横108.6cmの正方形した聖体秘跡図である。生糸で織られた菊花文様のある白綸子の布を用いて、中央に聖杯、その上に十字架の付いた円形の聖餅、そして聖杯の左右に合掌する有翼の天使を、西洋画の陰影法の技法で描く。上部には「至聖なる聖体は賛美せられ給え」という讃語が、中世ポルトガル語で横書きされている。血痕やキズがある。「聖体の組」という信徒組織（コンフラリア）の旗であったが、禁教令で秘蔵されていたのを軍旗に転用したと考えれている。2月28日の総攻撃で佐賀鍋島藩の鍋島大膳が一揆勢から奪い取り、その後20世紀中頃まで子孫の間で所持された。所有者の変遷後、1995年に本渡市（当時）に寄贈された。

◎明導寺（城泉寺）九重石塔

湯前町にある。鎌倉時代前期の石塔。城泉寺は鎌倉時代前期に建立され、近代になって廃寺となったが、仏堂と仏像、石塔が残っていた。阿弥陀堂は1229年に建てられ、浄心寺と称した。方3間の寄棟造で大きな茅葺屋根が目立つ。正面3間は桟唐戸で周りに縁がめぐり、素朴で静かな外観である。中に1229年作の阿弥陀如来及両脇侍像が安置され、宋風の写実的手法が注目されている。境内には九重石塔と七重石塔が立っていて、ともに沙弥浄心が1230年に建立したことが、両塔の初重にある銘文に記されている。浄心が誰なのかは不明である。各重の塔身四面に仏坐像が浮彫され、また屋根の軒裏には垂木を2段にした二軒を表現する段差が付けられ、四隅の隅木も削り出されるという、装飾の施された石塔である。かつて十三重塔も並んで立っていたのだが、米氏によって八代市植柳元町に移築されたため、現在はレプリカが建っている。この塔にも各重の塔身四面に阿弥陀如来坐像が浮彫され、そして各重の隅木の先に、歯をむき出して髪を逆立てる人吉地方独特の鬼面が彫刻されている。阿弥陀堂、阿弥陀三尊像、3基の石塔は、三者一体となって鎌倉時代前期の浄土信仰の優れた作品となっている。

●青井阿蘇神社

人吉市にある。桃山時代の神社。青井阿蘇神社は、長らく人吉地方を統治した相良氏の氏神として崇敬され、現在の社殿は1610年に建てられた。本殿、廊、幣殿、拝殿が直線状に接して並び、前方に楼門がある。2階建の楼門は3間1戸で、大きな寄棟造の茅葺屋根の上に千木がある。柱を黒漆塗り、柱上の組物を赤漆塗りにして、2層目の四周に高欄付きの縁をめぐらす。縁の下の琵琶板には飛天や二十四孝などの透彫がある。1層目の平坦な板張りの鏡天井には、退色して見えにくいが、竜の絵が描かれている。2層目の柱上の組物は、先端が伸びた尾垂木付きの三手先で、屋根軒裏の四隅には、隅木と尾垂木との間に人吉地方特有の鬼面の彫刻がある。拝殿は桁行7間、梁間3間、寄棟造の茅葺で、正面に銅板葺の唐破風の向拝が付く。拝殿の後方に接続する幣殿も寄棟造の茅葺で、柱間は板戸の窓となり、窓の上の小壁に草木模様の装飾がある。幣殿の後方に竜の彫刻が付いた短い廊がある。本殿は3間社流造の銅板葺の屋根で、高欄付きの縁が背面を除く三方に回る。黒漆塗りの柱間に赤色の桟がX字型に交差するのが特徴的である。総じて社殿は、棟の高い急勾配の茅葺屋根に、柱や梁、壁などの黒漆塗りと、柱

上の組物の赤漆塗りとがコントラストを見せ、さらに彩色されたさまざまな装飾が細部に施されている。

◎通潤橋

山都町にある。江戸時代末期の石橋。通潤橋は、熊本県東部にある三方を河川と低地で囲まれた白糸台地へ、水を送る灌漑用水路（通潤用水）の一部としてつくられた水路橋である。白糸台地は約8.4km²の広さで、地下水位が約20mと深かったので畑作が中心だった。そこで惣庄屋だった布田保之助が、笹原川から取水して、五老ヶ滝川の上を渡して白糸台地上部に水を送り、台地全体に水を行き渡らせる用水路建設を計画した。この五老ヶ滝川の上にかけられた水路橋が通潤橋で、1854年に完成した。石造単アーチ橋で長さ約76m、水面からの高さ約20.2m、アーチの半径約26.5m、幅は約6.3mで3列の通水管が通っている。橋をできるだけ低くするためにサイフォンの原理が応用され、通水管の取入口は橋の上面よりも約7.6m高い位置に、そして橋を渡った吹上口は橋の上面よりも約6.5m高い位置にある。また漏水を防ぐため、試行錯誤の結果、通水管は石管を漆喰でつなぐことになった。延長30kmの用水路の完成で約100haの新しい水田ができ、水の供給は現在も続いている。通水管にたまったゴミや泥の排出を目的に、毎年秋に、美しいアーチ橋の中央から放水が行われる。

◎旧玉名干拓施設

玉名市にある。明治時代の土木施設。有明海の菊池川河口付近に築かれた海面干拓施設である。菊池川河口の干拓は中世から始まり、加藤清正が肥後国領主の時に菊池川の流路が変更され石塘（つつみ、どて）が築かれて、大規模干拓の基礎ができた。江戸時代には熊本藩主細川氏や家老の有吉氏によって開拓が続いた。近代になると個人でも干拓が可能となり、大地主共同による干拓が進められた。戦後に農林省の直轄事業として国営横島干拓が実施され、1967年に潮止め工事が完了してから、新たな干拓は実施されていない。古い干拓施設は道路や水路に改修され残存が悪いが、保存状態の良い1893〜1902年に完成した末広開の堤防と樋門、明丑開、明豊開、大豊開の堤防が重要文化財になった。4か所の堤防は合わせて約5kmの長さにわたる。高さ約2〜3mの城壁のような石積みが連続し、堤防上端には波返しが付いている。先人たちの努力がしのばれる大きな造物である。

☞ そのほかの主な国宝 / 重要文化財一覧

	時 代	種 別	名 称	保管・所有
1	弥 生	考古資料	◎台付舟形土器	熊本市塚原歴史民俗資料館
2	古 墳	考古資料	◎免田才園古墳出土品	熊本県立美術館
3	奈良後期〜平安後期	古文書	◎浄水寺碑	豊野神社
4	平 安	彫 刻	◎木造毘沙門天立像	高寺院
5	平安〜江戸	古文書	◎阿蘇家文書	熊本大学
6	鎌 倉	絵 画	◎絹本著色伝北条時定像	満願寺
7	鎌 倉	彫 刻	◎木造阿弥陀如来及両脇侍立像	青蓮寺
8	鎌 倉	典 籍	◎日本紀竟宴和歌	本妙寺
9	鎌 倉	古文書	◎寒巌義尹文書	大慈寺
10	南北朝	彫 刻	◎木造僧形八幡神坐像	藤崎八旛宮
11	南北朝〜室町	古文書	◎紙本墨書広福寺文書	広福寺
12	室 町	絵 画	◎絹本著色伝菊池能運像	菊池神社
13	室 町	彫 刻	◎木造薬師如来立像	医王寺
14	中国／明	考古資料	◎浜御所跡出土品	熊本県立美術館
15	鎌倉前期	寺 院	◎明導寺阿弥陀堂	明導寺
16	室町後期	寺 院	◎青蓮寺阿弥陀堂	青蓮寺
17	室町後期	神 社	◎六殿神社楼門	六殿神社
18	桃山〜江戸後期	神 社	◎岩屋熊野座神社	岩屋熊野座神社
19	桃山〜江戸末期	城 郭	◎熊本城	国（文部科学省）
20	江戸前期	寺 院	◎生善院観音堂	生善院
21	江戸前期〜中期	神 社	◎老神神社	老神神社
22	江戸後期	民 家	◎桑原家住宅（球磨郡錦町）	錦町
23	江戸末期	神 社	◎阿蘇神社	阿蘇神社
24	江戸末期	交 通	◎細川家舟屋形	永青文庫
25	明 治	学 校	◎旧第五高等中学校	熊本大学

城　郭

熊本城高石垣

地域の特色

　熊本県は肥後一国にあたる。東に阿蘇山が聳え、南は球磨の山岳地帯、西に八代湾とそれに続く天草諸島が連なり、北は肥前と筑後がひかえる。肥後国は古代よりひらかれ、大和朝廷により鞠智城が築かれ、軍団が置かれた。肥後国内で最も古くからの豪族は菊池氏で、のちの地方史に大きな足跡を残した。この他、古い一族として、阿蘇宮司から武士団を形成した阿蘇氏、益城地方では木原氏などがあった。

　鎌倉時代には菊池氏のほか、新補地頭、鎮西御家人として東国からこの地方へ到来、土着した武士団があった。相良氏の人吉入部、相模武士・武蔵武士の大友氏、詫摩氏、宇土氏、竹崎氏など枚挙にいとまない。

　南北朝争乱期には菊池武光に代表される南朝側の九州の本拠地となり、菊之城、南郷城、古麓城などが築かれ、隈府城、宇土城もこの時代に城郭化した。南朝の征西府は金峰山城、宇土城、古麓城にあった。室町時代から戦国時代には合志氏の竹迫城、内古閑氏の内村城、菊池一族の赤星城、隈部城、宇土城、古麓城があり、相良氏の八代進出もあった。ほかに城氏の隈本城が著名である。

　豊臣秀吉による九州出兵により九州の戦国大名・在地武士は豊臣大名に仕える者が多く、さらに国人衆が鎮圧され、情勢は大きく様変わりした。肥後半島には加藤清正が熊本城にあり、阿尻城、隈府城、筒ヶ嶽城、阿蘇内牧城が支城であった。残りの肥後半国は小西行長が宇土城を本城として、隈庄城・木山城・矢部城・古麓城を支城とした。相良氏は古麓城から麦島城を新たに築いて移り、麦島城はのちに築かれる八代城の素形となった。天草では寺沢氏が富岡城を築いて天草領を支配した。

　元和元（1615）年の「一国一城令」に続いて「武家諸法度」により、水俣、宇土、内牧、南関、佐敷各城が廃城となり、富岡城主戸田氏は寛文11（1671）年に移封、廃藩。熊本城、八代城とさらに人吉城が明治まで存城した。

主な城

宇土城（うと）

別名 鶴城、名和城　**所在** 宇土市古城町　**遺構** 土塁、空堀、石垣　**史跡** 国指定史跡

有明海に突出する宇土半島の基部にある宇土には、二つの宇土城がある。宇土古城とよばれる西岡台（標高40m）に築かれた城は、永承3（1048）年、菊池氏の一族が築いて居城。

近世の宇土城は、佐々成政のあと、加藤清正と小西行長が肥後を南北の半国ずつ領有した際、南半国を領有した行長が築いた。行長は、宇土古城の東方の城山（標高約13m）に築。関ヶ原の戦い後に肥後一国を領した清正が隠居所とするため宇土城を改築するが、慶長17（1612）年に廃城。2代忠広の改易後に領主となった細川忠利の時代、寛永14（1637）年の島原の乱後、幕府は廃城の徹底的な破却を指示、宇土城も破壊された。

熊本城（くまもと）

別名 銀杏城、千葉城　**所在** 熊本市中央区本丸　**遺構** 宇土櫓（現存）、外観復元天守、多聞櫓、不明門、石垣、堀、御殿ほか櫓復元

古来、隈本といわれたこの地に、最初に城を築いたのは菊池氏一族の出田秀信である。大永・享禄年間（1521〜32）に鹿子木親員（かのこぎちかかず）が現在の熊本城南隅に築いたのが、「隈本城」である。天正16（1588）年、肥後の北半国を豊臣秀吉から与えられた加藤清正は隈本城に入城。慶長5（1600）年の関ヶ原の戦い後に肥後一円を与えられると、同12（1607）年までの凡そ7年余で拡張築城し、地名表記を「熊本」と改めた。同16（1611）年3月28日、二条城における家康と秀頼の会見の無事を見届け帰国の途上に病没。その子忠広が遺封を継ぐが、寛永9（1632）年改易。替わって細川忠利が豊前小倉から54万石で入城、12代続いて明治維新を迎えた。

城は北方から南に延びる舌状台地（京町台地）の先端、茶臼山丘陵の最高所に本丸を置き、旧千葉城跡及び古城の地域を取り込んで城域とした。付け替えた坪井川を内堀、南方の白川そして西方の井芹川を外堀とした。

加藤氏時代の熊本城は、現在の本丸部分であり、細川氏の時代に西側に二の丸、三の丸が拡張された。盛時の熊本城は、五層七階の大天守、二層五階の小天守以下、櫓48基（うち6基は三層五階）、櫓門18棟、平門29棟を数えた。明治10（1877）年の西南戦争では、約50日の籠城戦に耐え、熊本城の優秀さを示したが、天守や御殿、櫓など主要な建物を焼失した。の

ちに天守、櫓、本丸御殿等が復興されるが、平成28年の地震により被害が生じる。一部櫓の崩壊があるが、宇土櫓や東竹之丸の櫓群が残る。

佐敷城（さしき）
別名 佐敷花岡城　**所在** 芦北郡芦北町　**遺構** 石垣
史跡 国指定史跡

佐敷城は佐敷川河口の南側、標高88mの独立した丘陵に築かれていた。その範囲は東西100m、南北200mほどの小規模な城だが、総石垣の城だ。天正16（1588）年、肥後半国の領主加藤清正が島津氏に備えるべく薩摩・肥後国境防備のために築いた。関ヶ原の戦いでは、島津忠長の軍勢から守る。戦後、清正が肥後一国の領主となり、有力支城として、今に残る姿で整備されたが、元和元（1615）年の一国一城令により廃城となった。

平成5（1993）年からの発掘調査では、巨大な龍の飾瓦や「天下泰平国土安陰」と刻まれる飾り瓦のほか三つの連続する枡形虎口など、夥しい遺物と注目される遺構が出土。隅石が崩された破城の姿で整備がなされている。

人吉城（ひとよし）
別名 繊月城、三日月城　**所在** 人吉市城麓町
遺構 石垣、堀、多聞櫓（復元）　**史跡** 国指定史跡

平氏の代官矢瀬主馬助がいた原城が人吉城の前身という。人吉荘の地頭職に任じられた相良長頼は、主馬助を誘殺して原城を居城とした。戦国時代、時の城主長毎（ながつね）は島津氏の下、豊臣秀吉の派遣軍と戦ったが、秀吉に寝返って本領を安堵された。関ヶ原の戦いでは西軍に属して大垣城に籠城したが、秋月種長や高橋元種とともに東軍に寝返り本領を安堵された。この長毎の2度にわたる寝返りによって、相良氏は人吉城2万2千石の大名として江戸時代まで存続した。明治まで35代を数える。

人吉城は北を球磨川、西を支流胸川により天然の堀が形づくられ、球磨川南東側の丘陵上に本丸、二の丸、三の丸があり、麓の相良護国神社の所に御館の屋敷があった。本丸には天守は存在せず、二階建ての護摩堂（祈祷所）が設けられていた。二の丸と御館に御殿があった。これらの曲輪は石垣で築かれていた。文久2（1862）年の「寅助火事」では、城内の建物がほとんど焼失。翌年、御館北側に位置する「武者返し」と呼ばれている「はねだし」という工法で防火が目的の石垣技法が築かれる。

古麓城（ふるふもと）
別名 八代城　**所在** 八代市古麓町　**遺構** 堀切、切岸
史跡 国指定史跡

古麓城は南北朝期から室町中期までは名和氏の居城で、文明16（1484）

年、相良氏により落城するが、再び名和氏が返り咲き、その後また相良長毎（つね）が入城。天正9（1581）年相良氏は島津義弘に攻められ城は島津氏の持城となる。同15（1587）年九州出兵で豊臣秀吉は古麓城に入り、佐々成政を城主とするが、間もなく小西行長領になる。行長は居城を八代の麦島に築き、城は廃された。名和氏5城と相良氏2城で構成され総称で古麓城という。

八代城（やつしろ）

別名 白石城、不夜城、白鷺城、松江城　　**所在** 八代市松江城町
遺構 天守台、石垣、堀　　**史跡** 国指定史跡

　城は、元和5（1619）年の大地震により大損害を受けた麦島城にかえて、球磨川河口の北側の平野に築かれた。麦島城は天正16（1588）年、小西行長が家臣小西美作に命じて球磨川河口の三角州に築いた城である。行長の後、肥後一円を所領とした加藤清正も有力支城の一つとして整備した。清正の子忠広の代になり一国一城令が発令された後も、肥後は熊本と麦島が存続する一国二城の体制が認められた。麦島城崩壊を受けて忠広は麦島城代の加藤正方に命じて徳渕の津北側の松江に城を再建させ元和8（1622）年に竣工した。これが現在の八代城で、正方が引き続き城代となった。寛永9（1632）年に忠広が改易され、替わって細川忠利が熊本城主になるが、一国二城体制は続き本丸に城代として弟の立孝、二の丸に父忠興を入れた。正保2（1645）年に立孝と忠興が相次いで死去したため、細川家家老の松井興長を城代とした。この後、松井氏が城主となり明治維新まで続いた。

　本丸塁上には四層五階の大天守と二層三階の小天守と7基の櫓が建ち並んでいた。本丸大書院は旧二の丸に移築保存されたが、昭和61（1986）年に焼失。八代宮及び城址公園となった本丸周りの石垣と塀が現存している。

隈府城（わいふ）

別名 守山城、雲上城、隈部城　　**所在** 菊池市隈府　　**遺構** 空堀、土塁

　菊池武政が承平22（1367）年に築いた「守山の城」が隈府城である。南北朝期の菊池氏は南朝方の雄として肥後国に勢力を拡大するが、次第に北朝方の大友氏や今川氏に圧迫されていった。兼朝（かねとも）の時、肥後国守護職を回復し戦国時代に続くが、能運（よしゆき）は大友氏に敗れ菊池氏は隈府城を去った。その後は、赤星氏を経て隈部氏の居城となるが、北上する島津氏との争いは天正15（1592）年、豊臣秀吉の九州平定で本領を安堵されたことで決着した。しかし、新領主佐々成政の検地に対抗した肥後国人一揆により隈部氏は没落、隈府城は廃城。隈府城は菊池神社の境内になり土塁、空堀が残る。

戦国大名

熊本県の戦国史

　室町時代に肥後を支配した守護の菊池氏は、15世紀後半の重朝の頃をピークに衰退し始め、阿蘇氏や相良氏が台頭してきた。

　阿蘇氏は惟村系が益城郡、惟武系が阿蘇郡を支配して対立していたが、宝徳元年（1449）惟村系の惟忠が、惟武系の惟歳を養子とすることで一旦阿蘇一族を統一、さらに文明18年（1485）に惟忠の子惟憲が、惟歳・惟家父子を破って名実ともに阿蘇氏を統一した。

　一方、南部の相良氏も南北朝時代以降、多良木荘を本拠とする惣領の上相良氏と、人吉荘を本拠とする下相良氏に分裂していた。その後、下相良氏が惣領となり、文安5年（1448）一族の永留氏から下相良家を相続した長続は葦北郡を制して積極的な領国拡張に乗り出すと、子為続は名和氏を破って八代郡も支配、「相良氏法度」を制定して領国経営を進めた。

　天草では、志岐氏、天草氏、上津浦氏、大矢野氏、栖本氏のいわゆる天草五人衆が割拠、戦国期には天草に進出してきた相良氏の支配下に組み込まれていた。

　天文元年（1532）菊池武包の死後菊池氏は急速に衰え、以後肥後は他国からの侵攻にさらされた。同3年に菊池義武が大友氏に敗れて菊池氏嫡流は断絶、豊後の大友氏が肥後国中北部を支配した。しかし、天正6年（1578）に大友宗麟が耳川合戦で大敗すると、肥前の龍造寺隆信が肥後に侵攻してきた。続いて薩摩から島津氏が侵入、天正9年（1581）島津義久が水俣で相良氏を降した。これを機に相良氏の支配地は球磨一郡に戻り、天草五人衆も島津氏の配下となった。そして、同12年龍造寺隆信を島原で降すと、同14年には阿蘇氏の浜の館も落とし肥後は島津氏の領国となった。

　天正15年豊臣秀吉が九州に入ると、国衆層は相次いで秀吉のもとに降り島津氏も降伏。佐々成政が入国して肥後の戦国時代は終焉を迎えた。

主な戦国大名・国衆

赤星氏 肥後国菊池郡の国衆。菊池武房の弟の有隆が同郡赤星（菊池市赤星）に住んだのが祖。南北朝時代は南朝方に属し、隈部氏とともに菊池氏の重臣であった。戦国時代には赤星親家が大友宗麟に従って隈府城主となったことから、龍造寺氏に近い隈部氏と対立、永禄2年（1559）隈部親永に敗れて没落した。その後は島津氏に属した。

阿蘇氏 阿蘇神社大宮司家で阿蘇郡の戦国大名。神武天皇の孫の健磐龍命が阿蘇に封ぜられて子速瓶玉命が阿蘇国造となり、孝霊天皇の勅を受けて阿蘇神社を創建したと伝える。養和元年（1181）には惟泰が菊池隆直とともに平氏に叛いて挙兵しており、一部が武士化していることがわかる。元弘の変では菊池氏とともに挙兵、建武の新政では阿蘇郡を中心に大きな支配権を得た。南北朝時代には、北朝方の惟村と、南朝方の惟武がともに大宮司を称し、以来惟村系は益城郡、惟武系は阿蘇郡を支配して対立した。宝徳元年（1449）惟村系の惟忠が、惟武系の惟歳を養子とすることで阿蘇一族を統一した。戦国時代には勢力が衰えて大友氏や島津氏に従い、天正15年（1587）豊臣秀吉の九州攻めで所領を没収された。さらに文禄2年（1593）惟光が殺されて武家としての大宮司職は滅亡した。

天草氏 肥後国天草郡の戦国大名。大蔵氏の庶流で、本砥種胤の子資種が天草氏を称した。本砥島の開発領主で地頭となり、本渡を拠点として島内に一族を配して支配した。しかし、鎌倉時代末期に当主尼妙性が志岐景弘の継母となったことから、島北部の志岐氏の勢力が南進、正和2年（1313）本砥島地頭職は志岐景弘に与えられている。南北朝時代になると本戸城天草氏に代わって河内浦城主の天草種国が台頭。戦国時代には尚種が天草氏を統一、永禄12年（1569）鎮種はルイス・デ・アルメイダを招いてキリスト教を保護している。その子種元は『平家物語』や『伊曽保物語』などの天草本を刊行したことで知られる。しかし、同年の天草合戦で種元は小西行長に敗れて自刃、河内浦の久種も降伏し、以後は小西行長の家臣となった。

上村氏（うえむら）　肥後国球磨郡の国衆。相良氏の一族で、代々上村城（球磨郡あさぎり町）に拠った。相良長毎の弟の頼廉は上村氏を継ぎ、その子頼興は大永6年（1526）の義滋の相良家家督相続で活躍。長男晴広を義滋の跡継ぎとして相良家を相続させている。

内古閑氏（うちこが）　肥後国山本郡の国衆。「内空閑」とも書く。藤原姓。明徳2年（1391）基貞が肥後国山本郡内村（熊本市）に下向して菊池武朝に仕え、内古閑氏を称した。以後、代々山村城に拠って菊池氏の重臣であった。天正3年（1575）鎮資が死去した際、弟の鎮房と子の鎮照に分裂した。大友氏、龍造寺氏などに従ったのち、同15年豊臣秀吉に従って本領を安堵されたが、翌16年国人一揆に加担して殺された。

宇土氏（うと）　肥後の戦国大名。村上源氏というが不詳。長年が伯耆国汗入郡名和荘（鳥取県西伯郡大山町名和）に住んで名和氏を称し、後醍醐天皇の船上山での挙兵を助けて有名になった。長年の孫顕興は懐良親王に従って肥後国に下向し八代城に拠った。子孫はのちに宇土氏と改称、文亀3年（1503）宇土城に拠った。天正15年（1587）の豊臣秀吉の九州仕置で所領を失い、江戸時代は柳河藩士となった。

大矢野氏（おおやの）　肥後天草の国衆。肥後国天草郡大矢野島（上天草市大矢野町）を本拠とする大蔵姓原田氏の一族。鎌倉時代には幕府の御家人となり、『蒙古襲来絵詞』に大矢野種保・種村が登場する。戦国時代には天草五人衆の一人で大矢野城に拠った。天正17年（1589）の天草合戦で敗れて小西行長に属し、以後加藤清正を経て、江戸時代は熊本藩士となった。

甲斐氏（かい）　肥後・日向の国衆。菊池氏の一族。菊池武村の子重村が甲斐国都留郡（山梨県）に住んで甲斐氏を称したのが祖。重村は足利尊氏に従って九州に下向したが、菊池武重に敗れて日向国鞍岡（宮崎県西臼杵郡五ヶ瀬町）に土持氏を頼って逃れ、のち高千穂に土着して同地の豪族となった。永正10年（1513）、親宣は阿蘇惟長に追われた惟豊を助けて阿蘇大宮司に復帰させ、自らも肥後国阿蘇郡に戻って阿蘇氏の重臣となった。子親直は天文10年（1541）に益城郡御船城主の御船房行を討って御船城主となった。

以後、大友氏と結び、相良氏や島津氏と争った。子親英のとき島津氏に敗れて落城した。

鹿子木氏　肥後国飽田郡の国衆。藤原北家秀郷流大友氏の一族。飽田郡鹿子木荘（熊本市）の地頭となって鹿子木氏を称した。南北朝時代は菊池氏に従って南朝に属した。戦国時代、親員（寂心）は菊池義武の重臣で、隈本城を築城したという。天文2年（1533）に菊池義武が大友氏と対立した際には大友義鑑方に与したため、義武は島原半島に逃れている。同18年親員が死去すると菊池義武は再度挙兵、跡を継いだ有は義武に与したため、大友氏に討たれた。

菊池氏　肥後国菊池郡の戦国大名。藤原北家。長らく関白道隆の子で大宰権帥藤原隆家の子孫といわれていたが、現在は菊池氏の祖則隆は藤原隆家の郎党で藤原姓を仮冒したものとされる。その出自は菊池郡郡司の末裔とも紀姓ともいわれるがはっきりしない。また、則隆の父政則は対馬守藤原蔵規と同一人物であり、藤原氏に連なる一族であるという説もある。いずれにしても則隆以降の菊池氏は在庁官人から離れて武士化し、菊池城を本拠とした。鎌倉時代には幕府の御家人となる。南北朝時代には一貫して南朝に属してその中心勢力となり、武光は九州全土に勢力を振るった。南北朝合一後も肥後守護を代々世襲し、やがて戦国大名となった。天文元年（1532）武包の死後急速に衰え、大友氏に敗れて嫡流は断絶した。一族の重次が日向国米良（宮崎県）に逃れて米良氏となり、江戸時代は交代寄合となった。

隈部氏　肥後国菊池郡の国衆。清和源氏宇野氏の出という。代々菊池氏に仕え、持直のとき菊池武房から隈部氏を与えられたという。以後、菊池氏の家老をつとめた。菊池氏の没落後は永野城に拠り、永禄2年（1559）親永は隈府城主赤星親家を降して勢力を広げ、隈府城に移った。佐々成政が肥後に入部すると、天正15年（1587）に国衆一揆の首領格となって挙兵。鎮圧されたのちに子親泰とともに殺され、滅亡した。

合志氏　肥後国合志郡の国衆。宇多源氏で佐々木高綱の末裔。延元2年

（1337）長綱が下向して真木村に住み、合志氏を称した。室町時代には菊池氏を経て大友氏に属したが、天正6年（1578）大友宗麟が耳川合戦で大敗したことで大友氏から離反、親為は島津氏に属した。しかし、同13年隆重が島津氏に叛いて敗れ、滅亡した。

上津浦氏（こうつうら）　肥後国天草郡の国衆。天草五人衆の一人。上津浦城（天草市有明町上津浦）に拠る。鎮貞は相良氏に従っていたが、天正10年（1582）肥後に進出した島津氏に従った。その後、豊臣秀吉の九州攻めで秀吉に従って本領を安堵された。同17年、志岐鎮元・天草種元らとともに小西行長に抗したが、のち降伏している。

相良氏（さがら）　肥後南部の戦国大名。藤原南家。周頼が遠江国佐野郡相良荘（静岡県牧之原市）に住んで相良氏を称したのが祖。頼景・長頼（蓮仏）父子は源頼朝に仕えて御家人となり、建久4年（1193）頼景が肥後国球磨郡多良木荘（球磨郡多良木町）の地頭として下向。同9年には長頼が平頼盛の代官矢瀬主馬助を討ち、元久2年（1205）には人吉荘地頭となった。多良木荘は頼氏が継ぎ、上相良氏を称して相良氏の総領の地位にあった。一方、人吉荘は長頼ののち頼親、さらにその弟頼俊が継いで下相良氏と称した。南北朝時代には下相良氏が総領家となって北朝に属し、肥後守護職となった。文安5年（1448）一族の永留氏から下相良家を相続した長続は葦北郡を制して積極的な領国拡張に乗り出した。子為続は宇土氏を破って八代郡も支配、「相良氏法度」を制定して領国経営を進めた。長享元年（1487）には豊福城を攻めるなど天草にまでその勢力を広げた。一方、連歌師宗祇と交わって『新撰菟玖波集』に九州から唯一名を連ねるなど文化人でもあった。戦国時代、義陽は薩摩国大口（鹿児島県伊佐市）を併合、さらに大隅国にまでその勢力を広げる一方、織田氏・毛利氏とも通じ、海外貿易を行うなど、最盛期を迎えた。しかし天正9年（1581）に水俣で島津義久に敗れ、支配地は球磨一郡に戻った。その子長毎は豊臣秀吉の九州征伐の際に島津軍の先鋒となって豊後に兵を進めたものの降伏して本領安堵された。

志岐氏（しき）　肥後国天草の戦国大名。藤原姓で、菊池氏の支流という。元久2年（1205）光弘が天草郡六ヶ浦の地頭となり、志岐城（天草郡苓北町志岐）

に拠った。南北朝時代は菊池氏に従い、室町時代には天草の国人層を代表する存在となった。戦国時代志岐麟泉（鎮経）は天草五人衆の一人として活躍、天正9年（1581）からは島津氏に属した。同15年の豊臣秀吉の九州攻めで秀吉に降って本領を安堵されたが、同17年天草一揆に参加して敗れた。養子麟泉は島津氏を頼って薩摩に逃れ、江戸時代は薩摩藩士となった。

城氏（じょう）　肥後国山鹿郡の国衆。菊池氏の一族。同郡城村（山鹿市城）発祥。鎌倉中期に城氏を称した。南北朝・室町を通じて宗家の菊池氏に従い、城村城（山鹿市）に拠って肥後守護代もつとめた。天文19年（1550）城親冬は隈本城（熊本市）城主となり、飽田・詫麻両郡を支配した。菊池氏の滅亡後は大友氏に属し、天正16年（1588）まで城主をつとめた。

小代氏（しょうだい）　肥後国の国衆。武蔵小代氏の一族。宝治元年（1247）重康が宝治合戦の功で肥後国玉名郡野原荘の地頭に補せられたのが祖。文永8年（1271）に幕府の命により下向した。戦国時代は菊池氏に仕えていたものの、天文3年（1534）菊池氏が滅亡、重忠は大友義鑑に従った。以後、天正6年（1578）に大友宗麟が島津氏に敗れると龍造寺隆信に従い、隆信が島津氏に敗れると親泰は島津氏に仕えた。豊臣秀吉の九州仕置後、加藤清正によって津奈木城（葦北郡津奈木町）に移され330年間支配した野原荘を離れている。

栖本氏（すもと）　肥後国天草郡の国衆。天草五人衆の一人。大蔵氏の一族とも菊池氏の一族ともいうが不詳。栖本城（天草市栖本町）に拠り、室町時代には天草上島南西部を支配した。戦国時代鎮通は上津浦氏と激しく争った。子親高は天正12年（1584）島津氏に属し、同15年の豊臣秀吉の九州攻めでは本領安堵された。

和仁氏（わに）　肥後国玉名郡和仁（玉名郡三加和町和仁）の国衆。古代豪族の和邇氏の後裔という。田中城（和仁城）に拠った。親実は天正15年（1587）の肥後国一揆に参加して田中城に籠城したが、佐々成政に内応した辺春親行によって殺され、落城した。

名門／名家

◎中世の名族

菊池氏

肥後国菊池郡の武士。藤原北家。長らく関白道隆の子で大宰権帥藤原隆家の子孫といわれていたが、現在は菊池氏の祖則隆は藤原隆家の郎党で、藤原姓を仮冒したものとされる。その出自は菊池郡郡司の末裔とも紀姓ともいわれるがはっきりしない。また、則隆の父政則は対馬守藤原蔵規と同一人物であり、藤原氏に連なる一族であるという説もある。

いずれにしても、則隆以降の菊池氏は在庁官人から離れて武士化し、菊地城を本拠とした。源平合戦の際、隆直は平家方に属していたが、壇ノ浦合戦では源氏方に転じ鎌倉時代には幕府の御家人となる。また、承久の乱では上皇方に付いたこともあり、以後は菊池郡付近の領主であるにとどまった。

1333（元弘3）年武時は後醍醐天皇の挙兵に呼応して鎮西探題を攻めて戦死。南北朝時代には一貫して南朝に属してその中心勢力となり、武光は九州全土に勢力を振るった。しかし北朝方の今川了俊が九州に下向したことで力が衰えた。

南北朝合一後、兼朝の時に肥後守護を回復、以後代々世襲してやがて戦国大名となった。1532（天文元）年武包の死後急速に衰え、大友氏に敗れて嫡流は断絶した。一族の重次が日向国米良（宮崎県）に逃れて米良氏となり、江戸時代は交代寄合となった。明治維新後菊池氏に復している。

◎近世以降の名家

阿蘇家

阿蘇神社大宮司家。神武天皇の孫の健磐龍命が阿蘇に封ぜられ、子速瓶玉命が阿蘇国造となったという。中世には一部が武士化し、

元弘の変では菊池氏と共に挙兵、建武の新政では阿蘇郡を中心に大きな支配権を得た。南北朝時代には、北朝方の惟村と、南朝方の惟武が共に大宮司を称し、以来惟村系は益城郡、惟武系は阿蘇郡を支配して対立した。1449（宝徳元）年惟村系の惟忠が、惟武系の惟歳を養子とすることで阿蘇一族を統一した。

戦国時代には勢力が衰え、1587（天正15）年豊臣秀吉の九州攻めで所領を没収された。さらに93（文禄2）年惟光が殺されて武家としての大宮司職は滅亡、江戸時代は阿蘇神社の神主として熊本藩主の細川氏から350石を与えられた。維新後は、1884（明治17）年男爵を授けられる。現在の当主は第91代惟之で、1986（昭和61）年から阿蘇神社宮司をつとめている。

有吉家
（ありよし）

熊本藩家老。宇多源氏佐々木氏を称す。戦国時代は丹波国三河内城（京都府与謝郡与謝野町三河内）に拠る土豪だったが、立英の時に細川元有に仕え、立言が有吉を称した。立行は細川忠興に仕えて1万5500石を領した。江戸時代は熊本藩三家老の一家として1万8000石を領した。1858（安政5）年に家老となった16代立愛は廃藩置県後も執政、大参事などを歴任、1906（明治39）年立礼の時に男爵となる。

また、英貴の子重時は熊本藩士として一家を興した。家禄2000石。7代目の時展は家老となっている。

石本家
（いしもと）

天草御領（天草市五和町御領堀）の豪商。初代治兵衛は寛永年間に長崎から移り住んだという。後松坂屋と号して金融業を始め、薩摩藩に貸した借財の代わりに琉球貿易を一手に引き受けたり、柳河藩の干拓事業を請け負うなど、手広く活動した。全盛期を迎えた5代目平兵衛は、大名貸の他にも、問屋や酒造業も行い、さらに1834（天保5）年には幕府からは勘定所御用達を命じられた。しかし、42（同13）年高島秋帆事件に連座して江戸で獄死、以後同家は衰退した。

石本家は代々貧民救済にも力を注ぎ、47（弘化4）年に天草全土に広がった百姓一揆でも石本家は打ち壊しに合っていない。

岩間家
（いわま）

熊本藩重臣。武田信玄の子義信の子という六兵衛は勝頼の家臣岩間正頼の養子となって岩間正成と称し、武田滅亡後小笠原氏に仕えたと

いう。後細川忠利に仕えて、熊本藩士となった。正成の三男正武は分家、子正高は家老となって1500石を知行した。その子正豊も家老をつとめている。

上田家 うえ だ

天草の旧家。大坂の陣後高浜村に住み、1658（万治元）年2代勘右衛門が高浜村（天草市天草町高浜）の庄屋となり、以後代々世襲した。6代伝五右衛門は肥前国から陶工を招いて天草陶石で高浜焼を開始、7代宜珍は長崎奉行を通じてオランダにも輸出した。また、宜珍は文化人としても著名で、著書『天草島鏡』『宜珍日記』は天草史の資料として知られる。1889（明治22）年以降は陶石採掘に専念。15（文化12）年に建てられた同家住宅は国登録文化財である。1997（平成9）年同家住宅内に上田資料館が開館した。

江藤家 え とう

合志郡陣内村（大津町陣内）の旧家。豊後国の出で大友氏に属していたが、関ヶ原合戦後肥後に転じて陣内村で帰農したと伝える。以後、白川沿いを開発して豪農となり、大津手永の庄屋をつとめる一方、江戸時代中期には熊本藩から郷士として士分に取り立てられた。明治時代以降も県内有数の大地主で、総面積6227平米に及ぶ同家住宅は国指定重要文化財である。

大木家 おお き

熊本藩重臣。戦国時代大木駿河守は伊勢大木城主で、本願寺に与したことから織田信長に攻められて討死した。子兼能は佐々成政に仕え、その肥後下向の際に侍大将となって3000石を知行した。成政の没落後は加藤清正に仕え、1611（慶長16）年殉死。加藤氏改易後、兼憲が細川忠利に召し出されて4000石を知行、その子兼近は家老をつとめた。5代兼秀も家老をつとめている。

緒方家 お がた

八代郡五家荘（八代市泉町）の旧家。平清盛の孫清経の末裔と伝える。壇ノ浦合戦後、清経は伊予に逃れ、阿波祖谷を経て、豊後の緒方実国の下に移り住んだ。そこで、実国の娘を娶って緒方一郎と改名、後に肥後・日向国境の白鳥山（八代市泉町）に転じた。そして、4代目の紀四郎盛行の時に椎原（八代市泉町椎原）に移って、以後代々同地を支配したと

伝える。同家屋敷は復元されて公開されている。

米田家（こめだ）

　熊本藩家老。元は近江国滋賀郡坂本（滋賀県大津市坂本）の土豪で、大和の越智氏の一族という。求政の時に細川藤孝に仕えた。3代是季は長岡姓を許されて監物と称したが、2代藩主と合わず一時浪人。1623（元和9）年3代藩主忠利に招かれて帰参、家老となり1万石を領した。以後代々熊本藩家老として当主は長岡監物を称した。4代是長の跡は藩主光尚の甥是庸が継いで1万5000石に加増。7代是福の弟是著は中老の傍ら、松洞と号した漢詩人としても知られる。

　12代是保（虎雄）は1866（慶応2）年に家老に就任すると藩兵を率いて戊辰戦争に参加、奥羽戦争で功をあげた。維新後は宮内省に出仕、40年間にわたって明治天皇の側近をつとめ、1902（明治35）年男爵、14（大正3）年子爵となる。

相良家（さがら）

　人吉藩主。戦国大名相良氏の末裔。藤原南家で、周頼が遠江国佐野郡相良荘（静岡県牧之原市）に住んで相良氏を称したのが祖。戦国時代、義陽は大隅国にまでその勢力を広げる一方、織田氏・毛利氏とも通じ、海外貿易を行うなど最盛期を迎えたが、1581（天正9）年に水俣で島津義久に敗れ、支配地は球磨1郡に戻った。

　その子長毎（ながつね）は豊臣秀吉の九州征伐の際に島津軍の先鋒となって豊後に兵を進めたものの降伏して本領安堵。関ヶ原合戦では西軍に属して大垣城に籠城したが、東軍に内応して江戸時代も引き続き人吉で2万2100石を領した。1884（明治17）年頼紹の時に子爵となる。

沢村家（さわむら）

　熊本藩家老。清和源氏を称す。初代の大学助吉重は若狭小浜で逸見昌経に仕えていたが、主家滅亡に拠り、1582（天正10）年細川忠興に仕えた。島原の乱では78歳で出陣したという。2代目は八代城主松井家の祖である康之の甥友好が継ぎ、家老をつとめた。以後代々1万1000石を領し、5代友常、8代友輔は家老、9代友貞は中老をつとめた。1906（明治39）年重の時男爵を授けられる。

園田家（そのだ）

　熊本城下（熊本市）の菓子商園田屋の創業家。天正年間（1573〜

1592）に初代武衛門が長正飴を考案し、園田屋を創業したのが祖。その後、肥後の領主となった加藤清正が文禄・慶長の役に際して保存食として携行したことから朝鮮飴と呼ばれるようになり、江戸時代は熊本藩が買い上げて、幕府への献上品や参勤交代の土産にしていた。現在の当主健一は漫画家・イラストレーターとしても知られる。

長岡家
<small>ながおか</small>

熊本藩主分家。細川斉護の六男護美は喜連川家の養子となったが、1858（安政5）年実家に戻り、長岡氏を称した。維新の際には実兄韶邦と共に国事に奔走、維新後欧米に留学し、79（明治12）年に帰国すると護久より財産を分与されて一家を興した。同年華族に列し、オランダ公使、元老院議官を歴任、84（同17）年男爵、91（同24）年子爵となる。

細川家
<small>ほそかわ</small>

熊本藩主。三淵晴員の二男藤孝が、将軍足利義晴の命で細川元常の養子となったのが祖。1565（永禄8）年将軍義輝が京都で暗殺されると、義輝の弟で大和興福寺に監禁されていた一乗院覚慶（足利義昭）を救出して諸国を流浪、後に織田信長の支援を得て上洛し、義昭を15代将軍の座に就けた。73（天正元）年に義昭が追放されると信長の家臣となり、80（同8）年丹後宮津（京都府宮津市）に築城して拠った。忠興は徳川家康に仕え、関ヶ原合戦後豊前中津39万5000石に加増。1602（慶長7）年豊前小倉に居城を移し、32（寛永9）年肥後熊本54万石に転じた。1884（明治17）年護久の時に侯爵となる。

　護立は美術品の収集家として著名で、そのコレクションは「永青文庫」として知られる。その長男護貞は近衛首相秘書官をつとめたが、戦後は政界から身をひき、永青文庫理事長となった。護貞の長男が日本新党を結成した細川護熙である。

細川家
<small>ほそかわ</small>

高瀬藩（玉名市）藩主。熊本藩主細川光尚の二男利重は、1666（寛文6）年に兄綱利より玉名郡高瀬3万5000石を分知され、熊本新田藩主となったのが祖。江戸鉄炮洲に上屋敷があったことから、鉄炮洲細川家ともいわれた。1868（明治元）年高瀬藩と改称。

細川家
<small>ほそかわ</small>

宇土藩主。熊本藩初代藩主細川忠興の四男立孝（早世）の子行

孝は1646（正保3）年に藩主光尚から3万石を分知されて宇土藩を立藩した。1884（明治17）年行真の時に子爵となる。

細川家
<ruby>ほそかわ</ruby>

熊本藩家老。細川忠興の長男忠隆の子孫は長岡家を称して、熊本藩家老内膳家となった。1871（明治4）年忠顕は細川氏に復し、1900（同33）年忠穀の時男爵となった。政治評論家の細川隆元と、その甥の隆一郎はこの子孫である。

細川家
<ruby>ほそかわ</ruby>

熊本藩家老。熊本藩主忠利の弟興孝は1646（正保3）年に一家を興して2万5000石を与えられた。64（寛文4）年孫の興知の時に長岡氏と改称して熊本藩家老刑部家となる。家禄1万石。1870（明治3）年興昌の時細川氏に復し、97（同30）年興増の時男爵となった。

松井家
<ruby>まつい</ruby>

熊本藩家老。山城国綴喜郡松井発祥とも、備中国松井荘発祥ともいい不詳。室町時代は細川氏と共に足利将軍家に仕え、足利義輝の死後康之が細川家の重臣となった。細川氏の肥後入国に当たっては3万石を領した筆頭家老となり、代々八代城代をつとめた。また、山城国相楽郡神童子村と同国愛宕郡八瀬村（後和泉国尾井村）にも自家の所領を持ち、将軍家の直参として自分や将軍家の代替わりの際には江戸に参勤するという特殊な家柄でもあった。

　一方、初代康之は千利休の高弟としても知られ、代々古流茶道や金春流能楽を伝えている。1869（明治2）年盈之は熊本藩大参事となり、92（同25）年敏之の時に男爵となる。戦前から戦後にかけての弓道家として知られる松井憲之も一族。

吉田家
<ruby>よしだ</ruby>

吉田司家。平安時代末期の後鳥羽天皇の時代に相撲節会が復興された際、相撲の故実例式に詳しい吉田家次が越前から召されて「追風」の名と団扇を下賜されたのが祖。二条家に仕えていたが、15代目の時に朝廷での相撲節会が中絶したことから、1658（万治元）年熊本藩5代藩主綱利に仕えた。1789（寛政元）年19代目が横綱の制度を創設、以来横綱を授与した。

博物館

熊本市動植物園
〈キンシコウ〉

地域の特色

　県の東部には大きさ日本第2位の阿蘇カルデラをもつ阿蘇山をはじめとした多くの活火山や九州山地の山々、急流の川、温泉地がある。熊本平野は金峰山と阿蘇山との間で盆地を形成し、白川水源、池山水源、菊池水源、轟水源などに恵まれ、熊本地域（人口約100万人）の生活用水のほぼ100パーセントを地下水でまかなっている。沿岸部は、有明海、不知火海、東シナ海に面し、天草地方の島しょ部など多様な海岸環境がある。旧石器・縄文時代の遺跡が各地で発見され、弥生時代にはいち早く稲作が始まり、大陸に近いことから青銅器や鉄器も見られる。熊本県の領域はかつての肥後国とほぼ重なるが、生産力が高い豊かな土地で、地理的にも重要であったため律令体制下では大国の一つとされた。天草は長崎に近いことからキリスト教が広く浸透し、コレジオ（天草学林）が建てられラテン語や天文学などキリシタン文化が栄えた。太平洋戦争末期までは熊本が九州の中心と見なされ、熊本鎮台、第五高等学校などが設置されたが、戦況が悪化すると九州統監府を本州、東京により近い福岡に設置したため、戦後も九州の中心が福岡となった。近代以後は、第一次産業、第三次産業の割合が高かったが、現在、ハイテク産業や輸送機械の企業誘致を積極的に行っている。

主な博物館

熊本市立熊本博物館　熊本市中央区古京町

　熊本城に隣接した二の丸公園の敷地内に位置し、自然・人文科学・理工学部門が網羅された総合博物館でプラネタリウムも併設されている。1952（昭和27）年に設立された後、78（昭和53）年に現在の地に本館が新築移転し、2018（平成30）年にリニューアルオープンしている。「広域情報型」「市

民開放型」「郷土立脚型」「人間密着型」の四つの理念を踏まえ、展示の構成と活動が展開されている。常設展では人文系として人の渡来から今日までの地域の歴史、および自然系では、5億年前にまでさかのぼって熊本地域の生物や地学的トピック（熊本地震も）が紹介されている。

御船町恐竜博物館 （みふねまちきょうりゅうはくぶつかん）　上益城郡御船町御船

1979（昭和54）年に肉食恐竜の化石が発見されたのをきっかけに注目され、84（昭和59）年の歯の化石は日本初の肉食恐竜（ミフネリュウ）として有名になった。白亜紀後期の恐竜化石の産出量日本一を誇る御船町は、91（平成3）年以降に発掘を本格化し98（平成10）年に御船町恐竜博物館が開館し2000（平成12）年にリニューアルした。テリジノサウルス類の全身骨格標本（アラシャサウルス）を常設展示するなど、御船層群と恐竜化石は世界的な学術価値をもっている。「学校に恐竜の骨格を組み立てよう」などの教育普及も実施している。

水俣市立水俣病資料館 （みなまたしりつみなまたびょうしりょうかん）　水俣市明神町

水俣病資料館は、チッソ工場より昭和初期頃から続いた不知火海への排水を起因として1950年代に公害病として認定された水俣病の資料を後世に保管し語り継ぐことで、二度と悲惨な公害が世界のどの地域でも発生させないことを願い93（平成5）年に設置された。豊饒（ほうじょう）の海、そこに建設された工場と人々の暮らし、発生した水俣病の原因と拡大、水俣病患者の痛みや差別を受けたつらい体験などを展示し、語り部は起きたことを語り継いでいる。公害学習・環境学習だけでなく人権教育の場としても活用されている。

阿蘇火山博物館 （あそかざんはくぶつかん）　阿蘇市赤水

阿蘇は東西18キロメートル、南北25キロメートル、周囲128キロメートルの広大なカルデラをもつ世界第一級の複合式活火山で、観光だけでなく学術研究や自然災害に関する学びの場となっている。この博物館は阿蘇の大自然を確認し、理解を深め利用の増進を図る目的で設置運営されている。館内では中岳火口壁に設置されたライブカメラにより、火口の状況が映像と音声で観察できる。このカメラは防災面での噴火予知にも活用されてい

る。常設展示では、阿蘇火山の成り立ちや地形・地質、日本や世界の火山、中岳の火山活動、草原と人々の関わりや動植物などの展示があり、3階の五面マルチホールでは阿蘇の火山や人々の暮らしに関する映画を鑑賞することができる。

熊本市動植物園　熊本市東区健軍

　1929（昭和4）年に水前寺公園に隣接して整備され、69（昭和44）年に江津湖のほとりに移転開園した。園内では約160種970頭の動物と約500種4万点の植物が観察できる。「孫悟空」のモデルともいわれているキンシコウ（金絲猴）や、有袋類の仲間、夜行性動物舎なども特徴的な展示である。この他、動物の形態や生態を学べる「動物資料館」、植物の疑問に答えてくれる「緑の相談所」も整備されている。

天草市立本渡歴史民俗資料館　天草市今釜新町

　1981（昭和56）年に本渡市に開館、天草の民具・歴史・考古資料、美術工芸品などを収蔵展示し、93（平成5）年に新収蔵庫を建設した。2006（平成18）年の天草市合併により旧市町村の資料館収蔵品管理も行っている。大矢遺跡および妻の鼻墳墓群などの出土物、水の平焼、高浜焼、天草土人形、文人画などの郷土美術工芸、農具、漁具、養蚕、山樵などの民具、実物の10分の1サイズのジオラマによる生活再現などを展示している。

天草市立御所浦白亜紀資料館　天草市御所浦町御所浦

　天草市御所浦町は八代海の18の島々からなる離島で、日本の地質百選にも選定され天草御所浦ジオパークとして日本ジオパークネットワークに加盟している。島々をまるごと博物館に見立て野外見学地などを設けエコミュージアム化を進め、1997（平成9）年に天草市立御所浦白亜紀資料館が恐竜や化石をテーマとする自然系資料館として整備された。

天草市立天草キリシタン館　天草市船之尾町

　天草キリシタン史と遺物を収集・保存し、展示公開する施設として1966（昭和41）年に本渡市立天草切支丹館として開館。その後、天草市立天草切支丹館からニューアルして2011（平成23）年に「天草市立天草キリシタ

ン館」に変わった。島原・天草一揆で使用された武器や国指定重要文化財の天草四郎陣中旗、キリシタン弾圧期の踏み絵、隠れキリシタンの生活がしのばれるマリア観音などが、天草キリシタン史、南蛮文化の伝来と島原・天草一揆、乱後の天草復興とキリシタン信仰に分けて展示されている。

八代市立博物館未来の森ミュージアム　八代市西松江城町

1991（平成3）年に開館した。ユネスコ無形文化遺産「八代妙見祭の神幸行事」の江戸時代の姿を再現した人形模型などの映像を放映、常設展示では八代城主を務めた松井家伝来品、400年の歴史をもつ熊本を代表する陶磁器の八代焼（高田焼）や、江戸時代、刀につける鐔や金具をつくるため発達した金工などが展示されている。肥後でつくられた金工は、武将で茶人であった細川三斎の好みが反映されているといわれる。その他、肥後鐔、宮地和紙、染革などの美術工芸品、古墳や城跡からの出土品、妙見祭資料、八代城跡模型、各時代の歴史資料など八代の歴史と文化を紹介している。

熊本県立装飾古墳館　山鹿市鹿央町岩原

風土記の丘構想に基づき、装飾古墳の保護活用、研究の施設として1992（平成4）年に設置された装飾古墳の専門館である。前方後円墳の形を模し、敷地内の岩原古墳にある県最大級の岩原双子塚古墳と点対称で向かい合うように建てられている。館内には装飾古墳の内部を再現し、先土器時代から中世までの出土遺物も展示している。屋外には「はにわ公園」、台地の壁面には岩原横穴墓群がある。勾玉づくり古代体験や講座などを実施している。

北里柴三郎記念館　阿蘇郡小国町北里

1916（大正5）年、北里柴三郎の「学習と交流」の理念に基づき一部が建設された。86（昭和61）年に小国町で始まった地域振興の「学びやの里構想」に北里研究所と北里学園が協力し、北里柴三郎の偉業を称え後世へ伝えるため、生家や小国町に寄贈された北里文庫を改修し、87（昭和62）年に北里柴三郎記念館として再生した。2012（平成24）より全体改修工事が始まり、14（平成26）年工事が完了しグランドオープンし、北里文庫と貴賓館は16（平成28）年に設立100年を迎えた。

熊本市塚原歴史民俗資料館　熊本市南区城南町

　塚原古墳群に隣接し、出土資料、郷土の古代遺跡の遺物を集め2010（平成22）年に設置された。縄文・弥生・古墳・古代の四つに分け、考古学コーナー、歴史コーナー、民俗コーナーがあり、同史跡のガイダンス施設の役割も果たしている。城南町時代に収集された考古・歴史・民俗分野の資料約6千点を収蔵し、主な展示物には、重要文化財の台付舟形土器、千々屋寺の馬頭観音立像、史跡阿高・黒橋貝塚、御領貝塚出土の資料、県内最古の旧石器、弥生時代の青銅器、県内最古の寺院跡陳内廃寺の出土瓦などがある。

熊本地震 震災ミュージアム 記憶の廻廊　熊本市中央区水前寺

　熊本地震は、2016（平成28）年4月14日と16日、震度7の揺れが二度発生する大規模災害で、多数の死傷者や家屋倒壊など多くの被災が生じた。シンボルである熊本城の損壊、阿蘇地域の土砂災害が発生するなど甚大な被害を受けた。発生から4年後、旧東海大学阿蘇キャンパスと県防災センターという二つの中核拠点と県内各地に点在する震災遺構などを巡る回廊形式のフィールドミュージアム「熊本地震 記憶の廻廊」は、震災の経験を教訓とし世界へ発信している。

熊本市水の科学館　熊本市北区八景水谷

　熊本市の水道は1924（大正13）年の給水開始以来、水源の全てに地下水を使用している。また、下水道の役割も水域の水質保全、水資源やエネルギーの再利用、有効利用など循環型社会の形成に大きく貢献している。熊本市民の共有財産である地下水とそれを水源とする水道、水環境を守る下水道について関心をもつことを目的に設置された体験学習施設である。

くまもと文学・歴史館　熊本市中央区出水

　熊本県にゆかりの古文書や絵図・古地図、作家の書簡などの収集展示と、石牟礼道子・乾信一郎・横溝正史・安永蕗子らを代表的な作家として、熊本文学の流れを、歴史的背景とともに紹介している。その他、熊本県近代文化功労者顕彰パネル、周辺および市内散策マップ、映像ギャラリー、マ

ンガコーナーを常設している。

球磨焼酎ミュージアム白岳伝承蔵　人吉市合ノ原町

　九州の小京都と呼ばれる人吉エリアには、球磨焼酎や人吉温泉、球磨川などがある。なかでも本格米焼酎のブランドである球磨焼酎の、魅力と歴史的・文化的価値を発信することを目的に、400年の歴史がある高橋酒造株式会社が球磨焼酎ミュージアム「白岳伝承蔵」を2010（平成22）年にオープンした。球磨焼酎の歴史・文化・製造方法などの紹介、無料試飲の実施、また他社の蔵の球磨焼酎の紹介と販売もしている。

名　字

〈難読名字クイズ〉
①安詮院／②筌場／③網田／④歩浜／⑤傘／⑥黄檗／⑦源島／⑧淪／⑨磨墨／⑩淋／⑪湛／⑫父母／⑬塘内／⑭奴留湯／⑮聞

◆地域の特徴

　熊本県は北九州全域に広がる田中と中村の2つが飛び抜けて多い。ともに市町村単位で最多となっているところはそれほど多くないが、田中は阿蘇地区以外に、中村は天草地区以外に広く分布している。

　3位には松本が入る。植物の名の付く名字は多く、なかでも松の付くものが圧倒的に多い。これは、松が全国的に広く分布しているだけではなく、冬になっても葉を落とさない松は神聖な木と考えられており、正月の松飾りなど神事にも使われたからだ。こうした松の付く名字のうちで最も多いのが松本で、熊本県の3位という順位は全国一高い順位である。

　5位の坂本も全国に広く分布している名字だが、県単位でベスト10に入っているのは熊本県だけで、人口比でみても熊本県が全国一高い。ただし、全体としてみるとランキングの上位には熊本県独特というものはみあたらない。これは、九州の中央部にある熊本県は古くから人の行き来が多かったことを示しているのだろう。したがって、隣県と共通する名字も多

名字ランキング（上位40位）

1	田中	11	本田	21	木村	31	中川
2	中村	12	緒方	22	藤本	32	中島
3	松本	13	佐藤	23	西村	33	東（ひがし）
4	村上	14	宮本	24	福田	34	松永
5	坂本	15	宮崎	25	山田	35	林田
6	山本	16	山口	26	後藤	36	中山
7	山下	17	井上	27	荒木	37	上野
8	渡辺	18	上田	28	森	38	坂田
9	前田	19	池田	29	田上（たのうえ）	39	永田
10	吉田	20	橋本	30	上村（うえむら）	40	松岡

く、27位荒木、34位松永、35位林田は長崎県と共通するものである。

そうしたなか、比較的熊本県独特のものといえるのは、12位の緒方と29位の田上である。田上は熊本県を中心に西日本に多い名字で読み方にはいくつかある。熊本県では「たのうえ」が中心で、九州南部も「たのうえ」が主流。他地域は「たがみ」と「たのうえ」が混在しており、「たうえ」もある。北陸では圧倒的に「たがみ」が多い。したがって、九州以外では「たがみ」が一番多いが、全国をトータルすると熊本県の影響で「たのうえ」が最多である。

30位の上村の読み方は「うえむら」。この名字は新潟県と熊本県に集中しており、新潟県では「かみむら」、熊本県では「うえむら」と読み方が分かれている。その結果、全国的にみても東日本では「かみむら」さんが多く、西日本では「うえむら」さんが主流。

41位以下をみると、42位の園田は九州全域に多いが、50位以内となっているのは熊本県のみ。51位の徳永は九州と愛媛県に集中しており熊本県独特というわけではないが、人口比では熊本県が一番高い。

70位以下になると、熊本県独特の名字が登場する。71位清田、78位古閑、81位田尻などがそうで、古閑は全国の6割近くが熊本県にあり、さらにその多くは熊本市在住という、熊本市を代表する名字である。

71位の清田は熊本県と神奈川県に集中している名字で、こちらも、神奈川県では「きよた」と「せいた」が混在しているのに対し、熊本県はほぼ「きよた」と読む。

94位の小山も読み方は「こやま」ではなく「おやま」。小山という名字には「こやま」と「おやま」の2つの読み方があり、全国的には約85％が「こやま」と読む。したがって、「こやま」と読む小山は全国ランキングで107位に入っているが、「おやま」と読む小山は600位以下。しかし、「おやま」と読むのは地域的な偏りが激しく、青森・岩手・秋田・宮城の東北北部4県と熊本県では、「おやま」の方が過半数。とくに、岩手・宮城両県と並び熊本県では、「おやま」が8割を超えて圧倒的に多い。

101位以下では、赤星、有働、鬼塚、蓑田、古庄などが特徴。とくに有働、蓑田、坂梨は全国の半分近くが熊本県にある。また那須、椎葉、黒木といった宮崎県の名字も多い。

●地域による違い

　熊本市付近では中村が多く、熊本市でも中村が最多。ついで田中、本田、坂本などが多い。旧旭志村（菊池市）では岩根、旧富合町（熊本市）では紫垣と、独特の名字が最多となっていた。七城町の栃原、嘉島町の鍋田などが独特。

　県北部では田中と前田が多いが、地域的な違いも大きく、玉東町で清田、南関町で猿渡が最多であるほか、旧三加和町（和水町）で牛島、旧菊鹿町（山鹿市）で栗原が最多となっていた。山鹿市には有働が多い。玉東町の大城戸、南関町の津留（つる）、旧天水町（玉名市）の上土井なども独特。

　阿蘇地区では佐藤が多く、次いで甲斐、河津、後藤、穴井など、大分県と共通する名字が多い。こうしたなか、産山村では井が最多となっている。読み方は文字通り「い」。林や森、原など、漢字1字の名字はたくさんあるが、読みも1音の名字は珍しい。歴史的には「土佐日記」の著者である紀貫之の紀が有名だが、李などの外国由来の名字を除けば、現在では20種類ぐらいしかない。そして、そのほとんどは稀少な名字なのだが、井だけは熊本県を中心にまとまった数がある。

　「井」とは井戸だけではなく、広く水汲み場のことを指す。阿蘇山の麓には今でも清流が多く、古くはたくさんの水汲み場があったに違いない。こうした場所に由来するのが井という名字である。

　この他、阿蘇市の家入（いえいり）、高森町の瀬井などが特徴。

　八代地区では山本、田中、中村が多く、園田、山下といった鹿児島県と共通の名字が増える。この地域では独特の名字は少ない。

　球磨地区も中村が最も多く、ついで宮崎県に集中している椎葉が多い。ここは小さな自治体が多く、それぞれ最多の名字が違っている。球磨村で高沢、相良村で西、五木村で黒木が最多であるほか、合併したあさぎり町では、旧上村で尾方、旧免田町と旧深田村で中村、旧岡原村で宮原、旧須恵村で恒松が最多だった。独特の名字には、人吉市の赤池、球磨村の大無田（おおむた）、毎床（まいとこ）、地下（じげ）、境目、あさぎり町の皆越、星原、水上村の蔵座などがある。

　天草地区は、平成の大合併で天草市、上天草市、苓北町の2市1町となったが、以前は15の市町村があり、そのほとんどで一番多い名字が違っていた。全体的には田中、山下が多く、天草市では旧牛深市の矢田、旧有明町の今福、井手尾、旧倉岳町の山並、旧天草町の鬼海（きかい）、上天草市では旧姫戸

町の寺中など独特の名字も多い。

● 阿蘇氏

　天皇家初代の神武天皇のあとを継いだ第2代綏靖天皇は、神武天皇の長男ではなく、3番目の息子であったとされている。神武天皇が亡くなった時、綏靖天皇は兄の神八井耳命とともに、長兄（異母兄）の手研耳命を討った。その際、順当なら兄にあたる神八井耳命が天皇に即位することになるのだが、神八井耳命は天皇位を勇猛な弟に譲り、自らは神祇を祭る仕事についたという。そして、代々阿蘇神社の大宮司を務める阿蘇家は、系図上この神八井耳命の子孫となっている。

　阿蘇神社のある阿蘇市一の宮町は熊本県の東部。一方、天皇家発祥地の地ともいえる高千穂地方は宮崎県で、県が違うため遠く感じるが、実は地図で見ると一山超えた場所にあり、距離的には意外と近い。

　おそらく、高千穂時代の大王家（天皇家）と、阿蘇神社の阿蘇家の間には、かなり古くから交流があったのだろう。天皇家に兄にあたる家柄という神八井耳命の逸話も、古代社会における阿蘇神社の格の高さを象徴するものと考えられる。阿蘇神社は、当時各地にある神社の中でも別格の存在だったのではないだろうか。古代の系図は事実をそのまま記載しているとは限らず、政治的な要素も濃いのだ。

　神八井耳命の孫の速瓶玉命が阿蘇国造に任ぜられたと伝え、景行天皇の時代に阿蘇神社を建立して、以後代々大宮司職を務めた。

● 菊池氏

　中世の熊本県を代表する氏族は菊池氏である。菊池氏は肥後国菊池郡がルーツ。長らく関白藤原道隆の子である大宰権帥藤原隆家の子孫といわれていたが、現在は菊池氏の祖則隆は藤原隆家の郎党で、藤原姓を仮冒したものとされる。その出自は菊池郡郡司の末裔とも紀姓ともいわれるがはっきりしない。また、則隆の父政則は対馬守藤原蔵規と同一人物であり、藤原氏に連なる一族である、という説もある。

　いずれにしても、則隆以降の菊池氏は在庁官人（地方官僚）から武士化し、菊池城を本拠とした。源平合戦の際、隆直は当初平家方に属していたが、壇ノ浦合戦では源氏方に転じ鎌倉時代には幕府の御家人となった。元弘3（1333）年、武時は後醍醐天皇の挙兵に呼応して鎮西探題を攻めて戦死。南北朝時代には一貫して南朝に属してその中心勢力となり、武光は九州全土

に勢力を振るった。しかし、北朝方の今川了俊の九州下向で力が衰えた。菊池氏の一族には、西郷、合志、山鹿、赤星、詫磨、宇土、米良などがある。

◆熊本県ならではの名字

◎有働（うどう）

全国の半数近くが熊本県にあり、その大多数が山鹿市付近に集中している。山鹿市の鹿央町岩原にあった岩原城主は有働氏であったといい、古くから同地を支配した一族である。戦国時代には肥後の戦国大名だった隈部氏の重臣にも有働氏がいたことが知られており、有働一族は山鹿市付近を本拠として、戦国大名に仕えていた。ただし、有働一族のルーツの地は、同じ熊本県内でも宇城市三角町波多にあった小さな地名であるとみられる。

◎相良（さがら）

藤原南家の出で、そのルーツは熊本県ではなく静岡県にある。平安時代に周頼が遠江国佐野郡相良荘（静岡県牧之原市）に住んで相良氏を称したのが祖で、頼景が源頼朝に仕えて御家人となり、建久4 (1193) 年に肥後国球磨郡多良木荘（多良木町）の地頭として下向した。以後、明治維新まで代々人吉地方を支配した。

◎志垣（しがき）

熊本市付近に集中している「しがき」と読む名字のなかで最も数が多い。肥後国天草郡志柿村（天草市本渡町）をルーツとする中世武士志柿氏の末裔が漢字を変えたものか。

◆熊本県にルーツのある名字

◎赤星（あかほし）

菊池武房の弟の有隆が同郡赤星（菊池市赤星）に住んだのが祖。元寇の際、赤星三郎有隆が活躍したことが知られている。南北朝時代は南朝方に属し、隈部氏とともに菊池氏の重臣であった。

◎鹿子木（かのこぎ）

肥後国飽田郡鹿子木荘（熊本市）がルーツ。藤原北家秀郷流大友氏の一族。鹿子木荘の地頭となって鹿子木氏を称した。南北朝時代は菊池氏に従って南朝に属し、戦国時代は大友氏に従った。

◎北里（きたざと）

肥後国阿蘇郡小国郷北里（阿蘇郡小国町）がルーツで、全国の半数以上が熊本県にある。清和源氏といい、桜尾城に拠って阿蘇氏に従っていた。

戦国時代は大友氏に属した。江戸時代は熊本藩士となったほか、北里の惣庄屋を世襲した一族もあり、その分家から北里柴三郎が出た。

◆珍しい名字

◎金栗（かなくり）

和水町に多い名字。筑後国山門郡金栗村（福岡県みやま市瀬高町小川）がルーツで、鷹尾社の神官に金栗家があった。製鉄に関係する「金凝」という言葉に佳字をあてたものという。

◎傘（からかさ）

傘は「かさ」ではなく「からかさ」と読む。「かさ」には笠と傘という2つの漢字がある。現在ではあまり違いは意識していないが、本来は別のものを指していた。日本に古来からある「かさ」は菅笠のように、頭に直接のせるもので「笠」という漢字を使う。その後、中国から柄がついて手に持つかさが入ってきた。これには「傘」という漢字をあてて区別し、中国から来たかさなので「からかさ」ともいわれ、これが名字となって残っている。

◎奴留湯（ぬるゆ）

阿蘇地区から大分県にかけての名字。阿蘇の小国町に地名がありルーツか。同地には、温度が低かったことに由来するという奴留湯温泉がある。菊池市の旧七城町域には怒留湯と書く名字もある。

◎闉（ひのくち）

闉とは水門という意味の漢字である。川から取水する際に、水門を設けて水量などを調節した。こうして分水した水を流すところを「ひ（樋）」といい、取水口のことを「ひ」の「くち」といった。一般的には樋口と書いて、読み方も「ひぐち」になったが、熊本では、同じ意味の漢字である闉を使った家がある。

◎毎床（まいとこ）

熊本県南部の名字。肥後国球磨郡毎床谷（球磨村）がルーツ。現在でも球磨郡球磨村と、隣接する人吉市に集中している。毎床地区はかつて米が穫れないことから桑畑となっており、「繭所」から転じたものという。

〈難読名字クイズ解答〉
①あぜぶ／②うけば／③おうだ／④かちはま／⑤からかさ／⑥きわだ／⑦げじま／⑧さざなみ／⑨するすみ／⑩そそぎ／⑪たたえ／⑫たらち／⑬ともうち／⑭ぬるゆ／⑮ひのくち

Ⅱ

食の文化編

米 / 雑穀

地域の歴史的特徴

　温暖な気候と豊かな水に恵まれたこの地域では、弥生時代には稲作が始まっていた。玉名市では日本最古の鉄斧が出土しており、弥生文化が栄えていた。

　7世紀末に肥の国とよばれた九州の中央地域が肥前国と肥後国に分かれた。平安時代、肥後国には14の郡があった。熊本はかつては隈本と書いたが、1599（慶長4）年に加藤清正が熊本に改称した。熊本城を築造した加藤清正は1600（慶長5）年の関が原の戦いで滅んだ小西氏の後を受けて肥後を統一した。クマは入り組んだ地形、モトは本拠地、つまり入り組んだ地形の中央の地という意味である。

　熊本県南部の水田地帯では、江戸時代に、稲の刈り取りが終わった後で稲との二毛作として、畳表の材料であるいぐさの栽培が始まった。

　1869（明治2）年の版籍奉還、1871（明治4）年の廃藩置県により熊本藩は熊本県に、人吉藩は人吉県に、天草は一時長崎県に編入された。現在の熊本県が誕生したのは1876（明治9）年である。

コメの概況

　水稲の作付面積の全国順位は15位、収穫量は16位である。収穫量の多い市町村は、①熊本市、②八代市、③玉名市、④山鹿市、⑤阿蘇市、⑥菊池市、⑦宇城市、⑧山都町、⑨天草市、⑩南阿蘇村の順である。県内におけるシェアは、熊本市13.6％、八代市12.0％、玉名市8.0％、山鹿市6.6％、阿蘇市5.7％などで、熊本、八代両市で県全体の4分の1を収穫している。

　熊本県における水稲の作付比率は、うるち米91.0％、もち米8.8％、醸造用米0.2％である。県内産もち米の水稲の作付面積に対する比率は佐賀県に次いで全国で2番目に高い。作付面積の全国シェアをみると、うるち米は2.2％で全国順位が埼玉県、長野県、滋賀県、兵庫県と並んで14位、

もち米は5.2%で5位、醸造用米は0.3%で茨城県、山梨県、高知県と並んで29位である。

知っておきたいコメの品種

うるち米

（必須銘柄）あきまさり、コシヒカリ、ヒノヒカリ、森のくまさん
（選択銘柄）あきげしき、あきだわら、秋音色、いただき、キヌヒカリ、くまさんの輝き、くまさんの力、にこまる、ヒカリ新世紀、ひとめぼれ、北陸193号、ミズホチカラ、みつひかり、ミルキークイーン、やまだわら、夢の華、わさもん

うるち米の作付面積を品種別にみると、「ヒノヒカリ」が最も多く全体の54.3%を占め、「森のくまさん」（15.3%）、「コシヒカリ」（11.6%）がこれに続いている。これら3品種が全体の81.2%を占めている。

- **ヒノヒカリ**　県北産「ヒノヒカリ」の食味ランキングは2008（平成20）年産以降、特Aが続いている。県南産「ヒノヒカリ」はAである。
- **森のくまさん**　熊本県が「コシヒカリ」と「ヒノヒカリ」を交配して1996（平成8）年に育成した。文豪・夏目漱石が熊本在住時代に、緑豊かな熊本を「森の都熊本」と表現した。その「森の都」「熊本」で「生産」されたという意味を込めて命名された。県北産「森のくまさん」の食味ランキングは特Aだった年もあるが、2016（平成28）年産はA'だった。
- **コシヒカリ**　2015（平成27）年産の1等米比率は79.5%だった。県北産「コシヒカリ」の食味ランキングはAである。
- **くまさんの力**　熊本県が「ヒノヒカリ」と「北陸174号」を交配して2008（平成20）年に育成した。2007（平成19）年に県の奨励品種に採用された。県北産「くまさんの力」の食味ランキングは特Aだった年もあるが、2016（平成28）年産はA'だった。
- **熊本58号**　熊本県が「南海137号」と「中部98号」を交配して育成した。県内の山麓準平坦地域を中心に作付けを推進している。県北産「熊本58号」の食味ランキングは、2016（平成28）年産で初めて最高の特Aに輝いた。

●にこまる　2015（平成27）年産の1等米比率は80.4%だった。

もち米

（必須銘柄）ヒヨクモチ

（選択銘柄）峰の雪もち

　もち米の作付面積の品種別比率は「ヒヨクモチ」が全体の84.5%とおおむねを占め、2位は「峰の雪もち」（2.6%）である。

醸造用米

（必須銘柄）山田錦

（選択銘柄）吟のさと、神力、華錦

　醸造用米の作付面積の品種別比率は「山田錦」79.2%、「華錦」（20.8%）である。

知っておきたい雑穀

❶小麦

　小麦の作付面積の全国順位は9位、収穫量は10位である。市町村別の作付面積の順位は①熊本市（シェア23.0%）、②玉名市（17.2%）、③嘉島町（12.0%）、④山鹿市（8.5%）、⑤菊池市（7.2%）である。

❷二条大麦

　二条大麦の作付面積の全国順位は5位、収穫量は7位である。栽培品種は「ニシノホシ」「はるしずく」などである。市町村別の作付面積の順位は①あさぎり町（シェア25.3%）、②合志市（12.3%）、③菊池市（11.1%）、④阿蘇市（10.6%）、⑤大津町（8.5%）で、上位4市が県全体の6割近くを占めている。

❸はだか麦

　はだか麦の作付面積の全国順位は9位、収穫量は8位である。菊池市の作付面積は県全体の75.6%を占め主産地を形成している。これに続くのが湯前町（12.8%）、錦町（4.7%）、多良木町（2.3%）などである。

❹ハトムギ

　ハトムギの作付面積の全国順位は16位である。収穫量の全国順位は長野県、奈良県と並んで13位である。産地は八代市（県内作付面積の71.7%）

と湯前町（28.3%）である。

❺アワ

アワの作付面積の全国順位は5位である。収穫量の全国順位は4位である。主産地は湯前町で県内作付面積の84.2％を占めている。これに続くのが甲佐町で、シェアは15.8％である。

❻キビ

キビの作付面積の全国順位は14位である。収穫量は四捨五入すると1トンに満たず統計上はゼロで、全国順位は不明である。統計によると、熊本県でキビを栽培しているのは湯前町だけである。

❼ヒエ

ヒエの作付面積の全国順位は5位である。収穫量の全国順位は岩手県、青森県に次いで3位である。統計によると、熊本県でヒエを栽培しているのは湯前町だけである。

❽そば

そばの作付面積の全国順位は16位、収穫量は15位である。主産地は阿蘇市、南阿蘇村、菊池市、あさぎり町などである。栽培品種は「在来種」「春のいぶき」などである。

❾大豆

大豆の作付面積の全国順位は栃木県と並んで16位である。収穫量の全国順位も16位である。主産地は熊本市、嘉島町、大津町、玉名市、阿蘇市などである。栽培品種は「フクユタカ」「クロダマル」などである。

❿小豆

小豆の作付面積、収穫量の全国順位はともに15位である。主産地は山都町、天草市、御船町、菊池市、八代市などである。

コメ・雑穀関連施設

- **通潤用水**（山都町）　途中に、日本最大級の石造アーチ水路橋が架かる。水路橋は、矢部惣庄屋布田保之助が、轟川の渓谷に構を架け、6km離れた笹原川上流から水を引いてその上を通し、橋より高い白糸台地にサイフォンの応用で水を渡すようにし、1854（安政元）年に完工した。この結果、白糸台地の水田面積は3倍になった。過剰取水を防ぐ分水工、上下2段構造の水路による水の反復利用など当時の日本固有の技術が集

大成されている。

- **上井手用水**（大津町、菊陽町）　1618（元和4）年に加藤忠広が着手し、19年後の1637（寛永14）年に堰、制水門、24kmの水路が開削された。これによって大津町、菊陽町の460haを潤すことになり、新田が開発された。水車を活用した精米所なども増えた。
- **幸野溝**（湯前町、多良木町、あさぎり町）　1696（元禄9）年、相良藩主の命を受けた高橋政重が翌年開削に着手し、球磨川から取水する幸野溝が1705（宝永2）年に完成した。1958（昭和33）年の市房ダムの建設により、取水樋門や水路の改修が行われた。現在の延長は15.4kmである。
- **百太郎溝**（多良木町、あさぎり町、錦町）　鹿児島県、宮崎県と接する隈盆地の上流部に位置する。かんがい面積は1,490haである。本流の工事は鎌倉時代に始まり、何度も受け継がれてきた。
- **浮島**（嘉島町）　平安時代中期の1001（長保3）年に、領主が神のお告げで北方の山麓を掘ったところ2カ所から清泉が湧いたため、さらに開削を進め2.5haの池が完成した。周辺の水田地帯65haの水源である。朝霧が出ると、池に神社と森が浮かんでいるように見えるため「浮島」の名が付いた。環境保全に対する地域の意識が高い。

コメ・雑穀の特色ある料理

- **あげ巻きすし**（玉名市、南関町）　ノリの代わりに南関町特産の大きな南関あげを使った巻きずしである。具は、干しシイタケ、カンピョウ、ニンジン、ホウレン草、厚焼き卵などである。南関あげは油を抜き、味付け後に少し絞る。祝いのときなどにつくる。
- **馬肉入りまぜごはん**（宇城市）　有数の馬肉産地であり、消費量も多い熊本らしい料理である。材料は、馬肉、ニンジン、ゴボウ、コンニャク、イリコなどである。これらを炒めた後、調味料を入れて煮、ご飯と混ぜる。祭りや親族の祝いなどの家庭料理である。
- **大黒おこわ**（菊池市）　熊本には大豆を使った郷土料理が多い。大黒おこわもその一つである。肉や野菜をたっぷり入れ、黒大豆を加えるため、栄養のバランスがよい。豚バラ肉、干しシイタケ、干しエビ、ゴボウ、タケノコ、ネギなどは炒め、黒大豆は煮る。もち米を蒸して、これらを混ぜ、竹の皮で包む。これをもう一度、蒸す。

- ときずし（宇城地域） 四季折々の地元産の旬の魚を使って祝い事などの際につくられてきた伝統料理である。魚は三枚におろし、甘酢につける。骨や頭は甘辛く炊き煮汁をご飯に混ぜる。酢を混ぜて冷ましたご飯に甘酢に漬けた魚を混ぜる。使う魚によって多様な味が楽しめる。

コメと伝統文化の例

- **御田植神幸式**（阿蘇市） 御田祭りともいう。健磐龍命（たけいわたつみのみこと）を主神とする12神に、火の神、水の神を加えた神々が4基の神輿に乗り、苗の生育を見て回る阿蘇神社の祭りである。神幸は白装束で宇奈利（うなり）とよばれる14人の女性を先頭に、獅子、早乙女、田男、牛馬とともに、4基の神の神輿が続く。開催日は毎年7月28日。

- **火振り神事**（阿蘇市） 阿蘇神社の祭神12神の中の国龍神（彦八井命）が妃神をめとられるのに際し、氏子たちが松明を振り回して祝う火振り神事である。神婚で神々が結ばれることで作物が生まれるという言い伝えに基づく。土地の人は神事が終わるのを待って農作業を始めていた。開催日は毎年3月の申（さる）の日。

- **風鎮祭**（高森町） 台風シーズンの前に風の害から作物を守り、豊穣を祈る祭りである。肥後のばか騒ぎの一つといわれる「山引き」が呼び物である。町内では、日用品を使って、動物や漫画のキャラクターなどの造り物をつくり、台に乗せて町に繰り出す。開催日は毎年8月17、18日。

- **荻の草の瓢箪つき**（阿蘇市） 荻の草の氏神社である権現社に奉納される。豊作予祝の念仏踊りの一種である。踊りの途中で瓢箪を縛り付けた竹竿を手にした瓢箪つきが踊って回る。平家の落人たちが英彦山（現在は福岡県）より権現を観請（かんじょう）して豊作などを祈願したのが始まりである。開催日は3月15、16日と7月29日。

- **八朔祭り**（はっさく）（山都町） 田の神に豊作を祈願する江戸時代中期から山都町矢部町で行われている祭りである。商家の人たちが農家の人たちをねぎらい、手厚くもてなしたのが起源である。「大造り物」は竹、杉、ススキ、松笠など自然の材料を使い、各連合組が技術を競い合いながら作成する。開催日は8月の第1土曜日と日曜日。

こなもの

いきなりだんご

地域の特色

　九州の中部に位置する県で、北東部は阿蘇山、南部は九州山地、西部は島原湾、八代湾に面し、熊本平野・八代平野がある。西に突出する宇土半島があり、その先に天草諸島がある。熊本県の県庁所在地の熊本市は九州のほぼ中央に位置し、交通の要地である。細川氏の城下町として、熊本城を中心に発達した地域である。

　かつての肥後国全域である。江戸時代には加藤清正がこの地を領し、治水工事や灌漑水路などを開設した。

食の歴史と文化

　熊本県は半島もあり、数々の島を有していて、沿岸線が複雑なので漁業が発達している。とくに、クルマエビ、マダイの養殖をはじめとし各種の養殖業が発達している。傾斜地の多い地形なので、かんきつ類をはじめとし各種の果実の栽培も盛んである。熊本県では「くまもとふるさと伝統野菜」を制定し、ワケギ、高菜、水前寺菜などが栽培されている。

　熊本の名物の「からしレンコン」は、熊本西部の白川流域一帯で収穫されるレンコンを使うものである。寛永9（1632）年に細川家の菩提寺の玄沢寺和尚が考案したといわれている。

　熊本県の郷土料理の「いきなりだんご」は、手軽に作ることができることからこの名がついたといわれている。サツマイモを餡にした饅頭風のもので、農家の農繁期に食べるものとして用意した。

だんご・まんじゅう類

①あんころがし

米粉をぬるま湯で捏ね、片手で握れる大きさのだんごを作りつぶし餡をまぶしたもので、茶飲みに食べる。

田植え、観音さん祭り、七夕、お盆、十五夜などに作る。

②ねったんぽ

適当に切ったサツマイモともち米を一緒にし、釜に入れて煮る。軟らかくなったら、そのまますりこぎでたたく。もち米の粒がところどころ残っただんごである。秋から冬の間食用として利用している。

③のべだご

小麦粉を軟らかく捏ねて、よく延びるようになるまで捏ねる。梅干し大にちぎり、表面が滑らかになるまで置いておき、その後、楕円形に延ばして熱湯で茹でる。あるいは捏ねた後は、のべ板に移し、薄く延ばし、ひし形に切り熱湯で茹で上げる。黒砂糖や黄な粉をつけて食べる。日常のおやつに作る。

④あんこかし

小麦粉に少量の塩を入れてぬるま湯を加えて捏ねる。表面が滑らかになるまで放置する。これを、ちぎり、楕円形に延ばして、湯で軽くゆがいて、ザルにあげて水気を除いてから小豆餡をからめる。盆の13日に作る。

⑤いきなりだんご

「いきなりだご」ともいう。「いきなり」の名の由来は「手軽に、簡単に作れる」の意味による。サツマイモを餡にした饅頭のようなもの。

輪切りにしたサツマイモか適当な大きさと厚さに切ったサツマイモを、小麦粉に塩を入れて捏ねた皮で包み、茹でたり、蒸したり、揚げたりしたもので、主食にも利用するが、農家の農繁期の間食にも利用する。

⑥石垣だご

生切り干しサツマイモの粉に水を入れて捏ね、これにサイコロ状に切ったサツマイモを混ぜ合わせ、直径5～6cmの薄いだんごの生地をつくり、これを蒸したもの。黒いだんごの中に黄色のサツマイモが石垣のようにみ

えるので、「石垣だご」といわれている。

⑦しまだご

　生切りの干しサツマイモの粉を捏ねたものと、小麦粉の捏ねたものをそれぞれ平たく延ばし、両者を重ねて、2枚をくるくる巻いて布巾に包み、蒸したもの。蒸したもののは1cmほどの厚さに切る。黒と白の渦巻き状になったもの。おやつとして利用される。

⑧豆だご

　小麦粉に塩と砂糖を入れて捏ねた生地に、一煮立ちさせた大豆を混ぜる。さらに大豆の煮汁を加えてだんごを作れる硬さまで練る。生地ができたら平たい小判型にし、熱湯に入れて茹で上げる。

⑨からいもだご

　サツマイモの粉を水で溶いてよく練る。細長く延ばし、包丁で輪切りしてたっぷりの湯でゆがく。火が通ったらとりだし、黒砂糖をまぶす。間食に利用する。

⑩彼岸だご

　天草では、だんご作りは、春の彼岸から始まり、祇園さま祭り、盆、八朔（旧暦8月1日）、十五夜、なごし（土用の夏越）と続く。

　彼岸だごは、彼岸に作るものをいう。作り方は、もち米の粉と小麦粉を混ぜてよく捏ね、この生地で、ザラメを加えて甘味をつけた餡を包み、さらにサルトリイバラの葉で1つずつ包んで蒸す。

⑪こっぱだご

　サツマイモの生切り干し（「白こっぱ」という）を粉に挽いたものを水に入れて、手でまとまる硬さに捏ね、この生地で生のサツマイモの輪切りを包む。蒸籠に麦わらを敷き、その上にサツマイモの包んだものをのせて、蒸す。麦わらの縞模様のついただんごができあがる。間食に利用する。

⑫甘酒まんじゅう

　ご飯と種麹で、ご飯のデンプンを発酵させる。これに小麦粉を加えて捏ねてまんじゅうの生地を作る。小豆の餡を包んでから再度発酵させてから、蒸して作る。

　盆、川祭り、八朔祭り、12月の農業終了の祝いなどに作る。甘酒がないときは重曹を使うこともできる。

⑬みょうがまんじゅう

　夏の祭りに、ミョウガの葉でくるんで蒸した小豆餡入りのまんじゅうである。ミョウガの葉の香りが、このまんじゅうの特徴でもある。夏の祭りには、稲の生育と水難よけを祈る川祭り、七夕祭り、田植えじまいの祝い（さなぼり）、などがある。

⑭味噌まんじゅう

　熊本県南部の人吉盆地にある人吉市は、江戸時代は城下町として栄えていた。熊本県にありながら冬の気温は低いためか、醸造業が盛んである。球磨川に水を使った焼酎や味噌造りが盛んである。浜田屋の「味噌まんじゅう」は近所の「球磨味噌」を使用したもので、108年の歴史がある。人吉市の名物まんじゅうである。

お焼き・焼きおやつ・お好み焼き・たこ焼き類

①御嶽だんご

　3月16日の御嶽さん（市房神社）の祭りに作るので、この名がついている。

　小麦粉と米粉を合わせ、塩味をつけて、ぬるま湯を加えてだんごの生地を作る。一口大の生地を丸め、小豆餡を包み、平たい形にし、鉄鍋やフライパンで両面を焼く。

②香り白玉

　白玉を求肥に漉し餡を包んで手焼きし、緑鮮やかなニッキの葉で挟んだものが「香り白玉」である。つるりと滑らかな白玉に爽やかなニッキの香りがかすかに移り、独特の美味しさがある。製造元の白玉屋新三郎の初代は、江戸時代の寛永15年に米や求肥を扱った米飴屋を始めた。以後、白玉粉や白玉菓子を作るようになった。

めんの郷土料理

①むっきり

　むっきりは「麦きり」の意味で「うどん」のこと。手打ちうどんは、濃い醤油味のだし汁で食べる。だしはしいたけ、イリコ、一晩水につけてお

いた大豆などでとる。夏場の昼飯とすることが多い。

②きりだご

　米すり（籾すり）のおやつに食べるうどん。小麦粉の麺帯をやや幅広めに切り、煮立ったそば汁の中に入れて煮立たせて食べる。そばの汁の中には、小豆、サトイモ、サツマイモなどを入れる。

③おしきり

　小麦粉で作る手打ちうどんは、炙ったイワシでとっただし汁（醤油味）の中へ入れて、煮立たせる。煮立ったらネギなどを散す。

④いで汁かえ

　薄く細い手打ちうどんは、だしと具と一緒に煮る。7月14日にそうめんの代わりに仏壇へ供える。

⑤南関そうめん

　玉名そうめんともいう。玉名郡南関町で作る細くてコシのあるそうめん。この地区特産の大豆で作る南関揚げ（油揚げ）を入れて、熱い昆布ダシ汁をかける「にゅうめん」が、この地の名物。

⑥熊本ラーメン

　熊本ラーメンの特徴はスープにある。豚骨・鶏がら・鰹節・野菜屑を高温で長時間煮込んでとる濃厚なスープであり、白濁している。麺はコシがあり太い。

くだもの

地勢と気候

　熊本県は九州の中央に位置し、北、東、南は山岳に囲まれている。複式火山として有名な阿蘇山は、県の東北部で活発な活動を続けており、陥没によってできた南北25km、東西17kmの巨大なカルデラの内部に阿蘇五岳がある。県中央部を流れる菊池川、白川、緑川流域に熊本平野、南部の球磨川、氷川などの流域に八代平野が開けている。

　熊本平野の西には宇土半島が突き出て、有明海と不知火海とに分けている。宇土半島の南西には、大小120余の島から成る天草諸島がある。

　熊本県には東シナ海からの暖かく湿った空気が入りやすく、大雨や集中豪雨が発生しやすい。年間の降水量は、阿蘇地方と球磨地方で特に多い。これらが熊本の良質な地下水資源になっている。熊本平野は、夏は蒸し暑く、冬は冷え込みが厳しい。球磨地方と阿蘇地方は夏は涼しく、冬は寒い。

知っておきたい果物

スイカ　　　スイカの作付面積、収穫量の全国順位はともに1位である。主産地は、熊本市、山鹿市、益城町、合志市などである。出荷時期は小玉スイカが10月下旬～12月下旬と2月中旬～8月中旬、大玉スイカが10月上旬～1月中旬と2月中旬～8月中旬頃である。

　2016（平成28）年4月の熊本大地震では選果場も被災し、選果機が壊れたため、一時は手作業で出荷したが、復旧した。

不知火　　　デコポンである。デコポンの商標権は熊本県果実農業協同組合連合会が所有している。不知火の栽培面積は全国の27.4%。収穫量は30.2%を占め、ともに全国1位である。

　主産地は宇城市、天草市、芦北町などである。出荷時期は11月下旬～6月下旬頃である。11月下旬頃に大消費地で初せりが行われる。

ナツミカン ナツミカンの栽培面積は全国の23.0%。収穫量は29.7%を占め、ともに全国1位である。アマナツ（甘夏）とよばれるアマナツミカンが中心である。主産地は芦北町、水俣市、宇城市、津奈木町、天草市などである。出荷時期は12月上旬～6月下旬頃である。

クリ クリの栽培面積、収穫量の全国順位は、ともに茨城県に次いで2位である。品種は「筑波」「銀寄」が中心である。主産地は山鹿市、山都町、山江村、菊池市などである。出荷時期は8月中旬～10月下旬頃である。

オリーブ オリーブの栽培面積の全国順位は香川県に次いで2位である。収穫量の全国順位は香川県、大分県に次いで3位である。主産地は国東市、豊後高田市、天草市、荒尾市などである。

キンカン キンカンの栽培面積の全国順位は4位、収穫量は3位である。主産地は山鹿市、宇城市、甲佐町などである。出荷時期は1月下旬～3月中旬頃である。

メロン メロンの作付面積、収穫量の全国順位は、ともに茨城県、北海道に次いで3位である。栽培品種は「アールスメロン」「アンデスメロン」「クインシーメロン」「プリンスメロン」などである。主産地は八代市、宇城市、熊本市、菊池市、山鹿市などである。

出荷時期は「アールスメロン」が4月上旬～7月下旬と10月中旬～3月上旬、「アンデスメロン」が10月下旬～6月中旬、「クインシーメロン」が4月上旬～6月下旬と11月下旬～12月下旬、「プリンスメロン」が4月上旬～6月上旬頃である。

イチゴ イチゴの作付面積、収穫量の全国順位は、ともに栃木県、福岡県に次いで3位である。栽培品種は「ひのしずく」「さがほのか」などである。主産地は玉名市、氷川町、山鹿市、宇城市、八代市、阿蘇市などである。出荷時期は11月上旬～6月下旬頃である。

ミカン ミカンの栽培面積、収穫量の全国順位はともに4位である。主産地は熊本市、玉名市、宇城市、玉東町などである。

出荷時期はハウスものが5月上旬～9月下旬、露地ものが9月中旬～2月下旬である。「肥のさきがけ」「肥のあかり」などの極早生ミカンは9月～11月頃出回る。

「三角みかん」は県中部の宇土半島に位置する宇城市三角地域を中心に

栽培されている温州ミカンのブランドである。

マンゴー　マンゴーの栽培面積、収穫量の全国順位は、ともに沖縄県、宮崎県、鹿児島県に次いで4位である。主産地は合志市、玉名市、芦北町などである。

ポンカン　ポンカンの栽培面積の全国順位は3位、収穫量は4位である。主産地は天草市、宇城市、苓北町などである。出荷時期は12月中旬〜2月中旬頃である。

清見　清見の栽培面積の全国順位は3位、収穫量は5位である。主産地は宇城市、天草市、芦北町などである。出荷時期は2月下旬〜5月上旬頃である。

ネーブルオレンジ　ネーブルオレンジの栽培面積、収穫量の全国順位はともに5位である。主産地は宇土市が圧倒的に多く、氷川町、宇城市、水俣市、玉名市などでも生産している。

日本ナシ　日本ナシの栽培面積の全国順位は7位、収穫量は10位である。品種は「幸水」「豊水」「新高」が中心である。主産地は荒尾市、氷川町、熊本市、錦町などである。出荷時期は7月上旬〜10月下旬頃である。

有明海に臨む荒尾市とその周辺地域は、西に雲仙を望み、肥沃な土壌と温暖な気候に恵まれている。ナシの栽培歴は古く、1907（明治40）年に始まった。現在では九州最大級のナシ産地に成長している。荒尾市とその周辺地域で生産されるナシは「荒尾梨」として地域ブランドに登録されている。「新高」については先人から栽培技術を受け継ぎ、「荒尾のジャンボ梨」として宅配で全国に配送されている。

ヒノユタカ　ヒノユタカは肥の豊とも書く。農林統計によると、熊本県だけで産出する特産果実である。栽培面積は426.6 ha、収穫量は5,441.1トンである。主産地は宇城市、天草市、芦北町などである。

バンペイユ　漢字では晩白柚と書く。バンペイユは熊本県、大分県、鹿児島県で生産しており、熊本県は栽培面積で全体の95.2％、収穫量で96.5％を占め、圧倒的に多い。主産地は八代市、氷川町、宇城市などである。出荷時期は12月上旬〜3月下旬頃である。

オオタチバナ　オオタチバナの栽培面積、収穫量の全国順位はともに1位である。全国シェアは栽培面積で72.3％、収穫

量で73.7％を占める。主産地は上天草市、玉名市、宇城市などである。商品名は「パール柑」である。

カワチバンカン　カワチバンカンの栽培面積、収穫量の全国順位はともに愛媛県に次いで2位である。主産地は天草市、上天草市、熊本市などである。

ビワ　ビワの栽培面積の全国順位は兵庫県と並んで8位である。収穫量の全国順位は9位である。主産地は苓北町などである。出荷時期は3月中旬～6月下旬頃である。

ブルーベリー　ブルーベリーの栽培面積の全国順位は14位、収穫量は10位である。主産地は山都町、南阿蘇村、西原村などである。出荷時期は6月上旬～8月下旬頃である。

桃　桃の栽培面積の全国順位は11位、収穫量は12位である。主産地は玉名市、熊本市、宇城市などである。出荷時期は5月中旬～8月下旬頃である。

スモモ　スモモの栽培面積の全国順位は広島県と並んで14位である。収穫量の全国順位は11位である。主産地は玉東町などである。出荷時期は5月中旬～8月上旬頃である。

イチジク　イチジクの栽培面積の全国順位は23位、収穫量は15位である。主産地は宇城市、八代市、氷川町などである。

カキ　カキの栽培面積の全国順位は16位、収穫量は18位である。主産地は宇城市、菊池市などである。出荷時期は9月上旬～10月下旬である。

ブドウ　ブドウの栽培面積、収穫量の全国順位はともに18位である。栽培品種は「巨峰」が中心である。主産地は宇城市、熊本市、山鹿市などである。出荷時期は6月中旬～9月中旬頃である。

サクランボ　サクランボの栽培面積の全国順位は、埼玉県、福井県、京都府、兵庫県、鳥取県、島根県と並んで18位である。収穫量の全国順位は埼玉県、岐阜県、兵庫県、鳥取県、香川県、高知県と並んで19位である。

キウイ　キウイの栽培面積の全国順位は東京都と並んで25位である。収穫量の全国順位は22位である。主産地は熊本市、阿蘇市などである。

リンゴ

リンゴの栽培面積の全国順位は27位、収穫量は25位である。主産地は高森町、熊本市などである。

ウメ

ウメの栽培面積の全国順位は29位、収穫量は27位である。主産地は熊本市、人吉市などである。

地元が提案する食べ方の例

メロンと海の幸のカクテルサラダ（JAたまな）

エビ、イカ、貝類を白ワインで蒸し煮にする。一口大に切ったメロンを入れ、マヨネーズ、トマトケチャップなどのソースで和える。レタスを敷いて盛り付ける。

スイカスカッシュ（JAたまな）

一口大に切ったスイカをフードプロセッサーにかけ、ふきんでこす。コアントローを混ぜ合わせ、冷やす。これと、角切りスイカをグラスに入れ、炭酸飲料を注ぐ。

晩白柚の砂糖漬け（JAやつしろ）

材料はバンペイユの皮と白い綿の部分。鍋に材料を入れて熱湯をかけてふたをし5分後に水洗いする作業を3回繰り返して果皮の水分を押し出す。これを砂糖で煮詰め、冷ます。

みかん羹（熊本市）

粉寒天と水を混ぜて火にかけ、沸騰後、砂糖を加えて弱火で約2分煮る。火を止めて、粗熱をとり、ミカンを絞るか、常温のミカンジュースを少しずつ混ぜ、型に流す。

びわの蜜煮（上天草市）

ビワは種の周りに沿って1周切り込みを入れ、まわして種を取り除き、皮をはぐ。鍋で酒のアルコール分を飛ばし、ビワと水、砂糖、レモン汁を入れて5分煮て、冷やし、ミントをのせる。

果物加工品

● みかん狩り、ぶどう狩り　有限会社優峰園フルーツランド、熊本市

魚　食

地域の特性

　熊本県の県域の大半は、山地である。南部の球磨川に沿って人吉盆地・八代平野が開けている。西岸には宇土半島が突き出ていて、その先には天草諸島がある。八代海は、熊本県南西部に位置する内海である。この海域は、菊池川・白川・緑川が注ぎ、遠浅で干潟が発達していて、魚の養殖に適している海域が多い。熊本県には九州と八代湾から離れている天草諸島があり、九州とは天草五橋で繋がっている。美しい海中であり、珍しい熱帯系の魚も生育している。天草諸島の数多い島々の地形を利用した魚の養殖も盛んである。

魚食の歴史と文化

　有明海の干潟と黄海・渤海・東シナ海の干潟とは、先史的には繋がりがあると推定されている。その理由は、両者には共通する生物が生息していることである。すなわち、氷河期には有明海は黄海・渤海・東シナ海沿岸に続く広大な干潟であったといわれている。ムツゴロウやシオマネキは中国大陸にも有明海にも生息していることからも推測されている。

　熊本の食文化には素朴な味覚のものが多い。その理由は地勢の関係で熊本や八代平野に集中し、阿蘇周辺の山地の人は未開のまま残されていたからであるといわれている。また、江戸時代に細川家が熊本藩主となった時、細川家は武芸や朱子学の教育に力を入れ、人情味や気遣いの精神を学んだからともいわれている。熊本の伝統食品には、「辛子れんこん」「いきなり団子」「味噌漬け豆腐」など地味な食べ物が多いことからも、熊本県の伝統料理が地味であることが想像できそうである。魚介類関係の伝統食品についてはめだったものはないが、豊富な魚介類が不自由なく入手できたこと、内海であるため魚介類の畜養や養殖が行われていたことによると思われる。

知っておきたい伝統食品・郷土料理

地域の魚　　漁業は、回遊魚に対する漁業よりも養殖業が中心で、フグ・マダイ・クルマエビ・ノリが主に養殖されている。天草諸島の地形を生かしてマダイやクルマエビの養殖は盛んに行われている。天草諸島では、8月頃に獲れる天然のアワビ・サザエが美味しい。かつては、春の天然のマダイが人気であったが、乱獲により資源が減少し、現在は養殖ものが主体となっている。内海ではカニ・タコ・アサリ・ムツゴロウ・サルボウ（アカガイに似た二枚貝）が獲れ、ノリの養殖も盛んである。

伝統食品・郷土料理

①シラウオ料理

● しらうお地獄　シラウオを少量の酢を加えた水に入れて弱らせておく。鍋に豆腐と水を入れ、火にかける。ここにシラウオを放す。熱くなると、シラウオは冷たい豆腐の中に逃げ込む。そこで、豆腐と豆腐の中で煮あがったシラウオを、おろししょうがと生醤油で食べる。

● その他の料理　茶碗蒸し、卵とじ、天ぷらなどがある。

②アユ料理

● アユの河原焼き　球磨川のアユの食べ方。獲れたてのアユは食塩を入れた酢に漬けておき、酢がまわったら、河原で焼いて賞味する。

● 風干し　球磨川のアユは姿・形が大きいので白焼きにしてから風干しにし、必要なときに煮て賞味する。

● 酒粕漬け　アユに塩を振ってから酒粕に漬け込む。漬け具合をみて、酒粕から取り出し、焼いて賞味する。

③すし類

● ときずし　酢漬けた魚を使ったすしで、宇土半島三角町の郷土料理。甘酢に漬けた季節の魚とシソ、ゴマで色と香りの調和のとれた散らしずし。

● 青竹ずし　球磨川のアユを使った料理。底に少量の酢を入れた青竹の筒を腰に何本も吊るし、釣り立てのアユを次々に筒に入れる。酢と温かさでアユが自然発酵して酸味が生ずる。酸味のついたアユを食べる。

④キビナゴ料理

● きびなご鍋　天草地方の海で獲れた小魚のキビナゴを、少なめに炒るよ

うに煮て食べる。

⑤水前寺海苔

　熊本市の水前寺公園に生育していた淡水性の藍藻類の藻類。板状に乾燥
しておき、使用にあたっては水で戻し、刺身のツマに使う。生のものは佃
煮にする。水前寺公園の池の天然のものは天然記念物に指定されている。
現在は、福岡県朝倉市の黄金川で養殖され、カワタケ、ジュンサイの名で
加工市販されている。

⑥その他

　きれいな水で育った水前寺のり、フナの刺身やウナギの肝などの川魚料
理がある。

肉　食

馬肉のにぎりずし

▼熊本市の1世帯当たりの食肉購入量の変化（g）

年度	生鮮肉	牛肉	豚肉	鶏肉	その他の肉
2001	41,330	6,116	15,428	14,413	1,618
2006	51,945	12,057	13,941	16,946	7,041
2011	44,364	8,996	14,203	16,086	2,467

　熊本県の県域は山が多い。東部にある阿蘇山とその広大なカルデラの自然環境は、ウシやウマにストレスを与えないで飼養できる絶好の場所である。酪農、銘柄牛の開発と飼育、銘柄鶏の開発と飼育など多様な畜産業が発展してきている。天草、島原は、キリシタンの島として知られ、現在もゴシック風の教会が建っている。南部の球磨川に沿って人吉盆地・八代平野が開けている。球磨地方は米焼酎の産地で有名である。熊本の人が酒の強いのは球磨焼酎が原因となっているかもしれない。

　熊本は、馬肉を好んで食べる地域であるといわれている。熊本県が馬肉を食べるようになったルーツは、文禄の役（1592年）・慶長の役（1597年）時、朝鮮出兵のために大陸に渡った際、食料の補給が絶たれ、食料が底をついたため熊本城を築いた加藤清正の軍がやむをえず軍馬を食べたという俗説がある。加藤清正は、朝鮮遠征から戻ると、肥後熊本内に馬肉を食べることを広めたともいわれている。

　江戸時代に入ると、馬肉は「風邪」を治すのに効果があるということから薬膳料理として提供された。現代は、馬肉にはグリコーゲンが多く含まれていることが明らかになっているので、栄養価の高い肉であることが分かっている。

　2001年度、2006年度、2011年度の「家計調査」から、熊本市の1世帯当たりの生鮮肉の購入量は同じ年度の九州地方の全体の1世帯当たりの購入量に比べ、2001年度は4,365g少なく、2006年度は4,076 g多く、2011年度は2,294g少なかった。2011年度の1世帯当たりの牛肉の購入量は、2001年度に比べ2,880 g多く、2006年度に比べ3,061 g少なくなっている。2010

年の家畜の感染症の発症が影響していると思われる。2011年度の豚肉、鶏肉の購入量は2006年度より増えているので、牛肉の購入量にのみ影響を及ぼしたと考えられる。

2011年度の生鮮肉の購入量に対する牛肉の購入量の割合が、2006年度よりも約3ポイントほど減少しているのは、2011年に家畜の感染症の発症の影響と思われる。熊本市の2006年度の生鮮肉の購入量に対する牛肉、豚肉、鶏肉の購入量の割合は、2001年度、2011年度に比べて少ないが、その他の肉の割合が多い。その他の肉の一部には馬肉が含まれていると思われる。

知っておきたい牛肉と郷土料理

銘柄牛の種類

熊本県には、放牧に適した阿蘇山麓があるからウシの肥育には、銘柄牛の推進協議会が主体となって銘柄牛の普及に力を入れている。

くまもと火の里牛とは熊本の乳牛肥育牛のことをいう。

❶熊本黒毛和牛

黒毛和種は、おとなしく、粗食に耐えることのできるので、熊本県では古くから農耕や運搬用として飼っていた。それを阿蘇山の広大なカルデラに放牧されている肉用種の黒毛和種に飼育をし、現在は生産量が年々増加し、肉用として高い評価の黒毛和種となっている。熊本県の黒毛和種の肉質・量ともにレベルが高さ、全国的に評価されている。阿蘇山の自然豊かな環境でストレスをうけないで肥育した黒毛牛の肉質は軟らかく、適度な霜降りの状態もよく、食味も非常によい。

❷くまもとあか牛

褐毛和種である。古くは、熊本の農家で農耕用として粗食に耐え、おとなしい在来種とスイス原産のシンメンタール種を交配して改良したのが「あか牛」である。放牧による適度な運動をさせることにより、無駄な脂肪を減少させ、筋肉量を増やし、ほどよい霜降りが入った赤身肉主体の肉用牛となっている。放牧により、上質の牧草をたっぷり食べ、運動量が多くなる。肉質の特徴は脂肪分が少なく、健康的で軟らかく形成される。

肉の色は淡い赤色で、軟らかな赤身肉で、肉そのものの味わいが堪能できる。

❸黒樺牛
<small>くろはなぎゅう</small>

この銘柄牛は黒毛和種であるが、独自の飼料を与え、肉質の特徴として独特の甘みをもつようになったことである。さらに肉質の軟らかさや霜降りの入り方は黒毛和種の特徴である。

❹くまもと味彩牛

熊本県のJAグループが管理し、飼育している肉用牛で、黒毛和種（♂）と乳用のホルスタイン種（♀）の交配種したものである。肉質は軟らかく、適量の霜降り肉を形成しているので、食べた後の満足感はある。くまもと厳選味彩牛もある。

牛肉料理

- **あか牛の店** 熊本県の阿蘇の中には、赤牛のステーキや焼肉、阿蘇で収穫した米（コシヒカリ）のご飯を賞味させてくれる、生産者みずからが提供するレストランがある。部位別に焼いた肉は、塩と胡椒で食べるのがお薦めである。阿蘇にはあか牛の生産者が経営しているレストランや、あか牛の肉料理専門店が多い。

知っておきたい豚肉と郷土料理

銘柄豚の種類

❶天草梅肉ポーク

梅肉エキスを混ぜた飼料を与えて飼育しているブタ。豚肉の肉質は軟らかく、うま味があり、脂身は甘みがある。適した食べ方はしゃぶしゃぶ、トンカツ、ハンバーグ、生姜焼き。ウインナーソーセージ、ベーコン、ハムに加工して販売している（天草梅肉ポーク㈱）。

❷スーパーポークもっこす

熊本県大津町のハンプシャー種のブタ。主にサツマイモを与えて肥育している。適した食べ方は網焼き。赤身肉はジューシーとなり、脂肪の甘みが残り、美味に感じる。

❸くまもとSPF豚

　飼育にあたって衛生管理のレベルを高め、健康に育つように飼育管理も厳しくしたブタ（LW・D）。肉質は、豚特有の臭みはなく、きめ細かく軟らかい食感。脂肪は甘みがある。

❹くまもとのりんどうポーク

　「くまもとりんどうポーク銘柄推進協議会」が審査したブタ。SPF 雌豚（LW）と SPF 雄豚（D）を両親にもつ「熊本生まれの熊本育ち」の SPF 豚（LW・D）。肉質はリノール酸が多く、きめ細かな甘みがある。

- **太平燕（たいぴーえん）**　戻した春雨に豚肉などを入れたあんかけをのせる。
- **きくち丼**　どんぶりご飯に野菜と肉を煮たものをのせる。
- **だご汁**　阿蘇地方や球磨地方の郷土料理。鎌倉時代に生まれた料理といわれている。小麦粉に水を加え平たい麺を作り、ゴボウ、ニンジン、シメジ、豚肉などとともにイリコのだし汁で煮込んだもの。大分でも「だご汁」とよんでいる。
- **熊本ラーメン**　ラーメンのスープは、豚骨、鶏ガラ、かつ節、野菜からとったダシを基本としてつくる。骨の髄の成分まで溶出し、白濁のスープであるのが特徴。太くてコシのある麺とよく合うラーメンである。

知っておきたい鶏肉と郷土料理

❶うまかハーブ鳥

　ハーブを入れた餌で飼育している。鶏種はチャンキー。

❷熊本コーチン

　熊本コーチンと九州ロードの交配種。肉質は赤みを帯び、弾力があり、脂肪は少ない。

❸天草大王

　天草大王と九州ロードの交配種。最大のもので背丈が90cm、体重7kgとなる。

知っておきたいその他の肉と郷土料理・ジビエ料理

- **馬刺し**　熊本県は戦前から軍馬の需要が多い。また、ブタやウシより安価であった。玉ねぎのスライスとともに生姜醤油でいただく。戦国時代

から江戸時代に掛けて既に馬肉を食べていたようだ。肥後藩主の加藤清正が戦の前に馬肉を食べていたと伝わっている。サシが入っている正月のお祝いには欠かせない。山椒・ニンニクも薬味によい。

- **馬コロッケ**　名物の馬肉ミンチが入ったコロッケ。甘辛の馬肉とジャガイモによく合う。激辛の"悶絶馬ロッソ"もある。馬刺し、たてがみの刺身などもある。
- **小春煮**　馬肉料理。馬肉は"さくら肉"ともよばれるところからついた名前。醤油8に対して赤酒1にスライスしたニンニクをたっぷり入れてひと煮立ちさせ、そこに柵取りした馬肉を入れて火を止めて汁が冷えるまで漬け込む。馬肉は他にも竜田揚げやうま煮、鍋、串焼き、納豆和え、焼肉、しょうが焼きなど広範囲に利用される。
- **具飯**　郷土料理。毎年10月17日に嘉島町の六嘉神社で行われる五穀豊穣を祈願する秋の大祭の際、各家庭で作られる特産の馬肉とごぼうの風味が美味しい混ぜご飯。馬肉とごぼう、ニンジン、しいたけ、こんにゃくを炒め、醤油とみりん、砂糖で味を付け、絹サヤインゲンを加えて、炊いたご飯に混ぜ合わせる。この祭りでは、加藤清正公の虎狩りに由来する獅子舞が奉納される。この獅子舞は県の重要無形文化財の指定第一号。
- **菜やき**　クジラを使った阿蘇地方の郷土料理。棒鯨（乾燥させた鯨肉）を薄く削ぎ切りにして炒め、クジラの脂が出てきたらお酒を振りかけてクジラ特有の臭いを取り、この中に阿蘇名産の高菜を入れて、醤油と砂糖で味付ける。地方によっては棒鯨の代わりにいりこや油揚げを、また、高菜の代わりに菜の花や白菜を使う所もある。

熊本県の野生鳥獣類対策

熊本県も野生の鳥獣類による里山や農家の野菜類の被害が深刻な問題となり、その対策と捕獲した鳥獣類の有効利用（食料としてなど）の検討を行っている。

- **イノシシ・シカ肉料理**　「くまもとジビエ（野生の鳥獣類）料理フェア」などを開いて、ジビエ料理を県民に知ってもらうべく活動している。また料理のジャンルを問わず、県民からのジビエ料理の提案を待っている。

地 鶏

▼熊本市の 1 世帯当たり年間鶏肉・鶏卵購入量

種　　類	生鮮肉 (g)	鶏肉 (g)	やきとり (円)	鶏卵 (g)
2000 年	47,803	15,335	1,181	34,186
2005 年	44,968	15,843	1,199	31,245
2010 年	45,133	16,341	1,239	30,886

　熊本県も島嶼地区も半島もあり、平野も多い。平地ではトマトなどのハウス栽培が行われている。かんきつ類の栽培にも適している。最近、人気なのがデコポンである。畜産関係では、酪農、くまもとあか牛、馬肉、熊本コーチン、天草大王（鶏）がよく知られている。

　地鶏・銘柄鶏には、大阿蘇どり（生産者：児湯食鳥）、熊本コーチン（生産者：熊本県養鶏農業協同組合）、肥後の赤どり、天草大王・肥後うまか赤鶏・庭鶏・うまかハーブ鳥（生産者：熊本チキン）などがある。

　2000年、2005年、2010年の熊本県の1世帯当たりの鶏肉や生鮮肉の購入量は、九州圏以外の地域に比べると多い。1世帯当たりの生鮮肉の購入量は、2000年が最も多かった。その後は年を追うごとに減少している。鶏肉の購入量が2000年よりも20005年、2005年より2010年が多くなっている。1世帯当たりの鶏卵の購入量が年々少なくなっている。この傾向は、多くの県庁所在地の購入量でも明らかになっている。鶏肉や生鮮肉の購入量は、九州圏以外の地域に比べればやはり多い。やきとりの購入金額は微小ではあるが、年々増えている。

知っておきたい鶏肉、卵を使った料理

●<ruby>太平燕<rt>たいぴーえん</rt></ruby>　温かい鶏がらの春雨スープに、炒めた白菜、玉ねぎ、もやし、きくらげ、人参、タケノコ、豚肉を入れた麺料理。中国福建省から熊本に来た華僑が作ったのが起源といわれ、現在は熊本に定着している郷土料理。ゆで卵を油で揚げたものがトッピングとして付くのは、卵の表面に出来たしわ模様が、中華の高級食材の燕の巣のイメージになるからで、

ふかひれの代わりに春雨を使用している。

- **卵の味噌漬け**　上益城や下益城地方では、保存と調味を目的としていろいろな食材を味噌漬けにする。ゆで卵の殻を剥き味噌に漬ける。白身があめ色になり美味しい。

- **山菜とりめし**　発売昭和48年、新玉名駅で人気の駅弁。県産の鶏を秘伝のたれでじっくり煮込み、山菜寿司の上に散らす。玉名市は、温暖なので草木が良く育ち"花の都"とも、"薬草のまち"ともいわれる。その薬草を使った薬草弁当と、この山菜とりめしが一度に楽しめる「四季彩薬草弁当」も人気がある。どちらも「玉名ブランド」に認定されている。庭園が有名な日本料理のたがみが作る。

- **肥後の赤鶏ピザチキン弁当**　ニシコーフードサービスが作る熊本駅の評判の駅弁。ご飯の上に薄焼きの玉子焼きを敷き、その上にチーズとトマトソース、香草でピザ風に仕上げた鳥もも肉が載り、横にはお弁当には珍しい目玉焼きが載っている。手作りだからできるお弁当。また、手作りのおにぎり"昔伝承地鶏めし"は、全国の百貨店にも出店している。

- **高菜めし**　阿蘇の郷土料理。炒り玉子と細かく切った阿蘇高菜の高菜漬けや筍をごま油で炒め、ご飯と混ぜた混ぜご飯。平皿にこんもりと盛り付ける。表面に胡麻を振り、頂上に錦糸玉子を載せて、紅しょうがを添える。白いご飯に散りばめられた緑の高菜と黄色の炒り卵、頂上の黄色と脇の赤。素朴だが彩りが良い。阿蘇の寒い冬を越した阿蘇高菜は、その辛みと香りが特徴。

- **だご汁**　郷土料理。小麦でつくった団子と鶏肉、季節の野菜を入れた鍋料理。小麦粉でつくった平らな団子と、鶏肉や豚肉と季節の野菜を煮込む。味付けは、阿蘇では味噌仕立て、有明では鶏肉と魚介類が入り、すまし汁になる。各家庭で母から子へ作り方や味が受け継がれている。大分では"だんご汁"という。

- **つぼん汁**　正月やお祭り、祝い事で食べられた人吉市球磨川の郷土料理。名前の由来は、"つぼ"とよばれる深いお椀によそって出された汁物という説と、壷で煮込んだからという説がある。各家庭で少しずつ作り方は異なるが、基本は、地鶏、根菜類、椎茸を醤油仕立てのだしで煮て、赤飯と一緒に食べる。

卵を使った菓子

● **漱石まんじゅう**　小説『吾輩は猫である』や『坊ちゃん』で有名な夏目漱石は1896（明治29）年から4年3カ月間、第五高等学校（現在の熊本大学）の英語教師として熊本で暮らした。その漱石来熊100周年を記念して、御菓子司しほりやが作った焼き菓子。地元産の小麦粉と卵、砂糖、蜂蜜で作った生地で、手亡豆の白餡を包んで焼いたカステラ饅頭。第22回全国菓子大博覧会「栄誉賞」受賞。緑茶の餡の饅頭もある。

地　鶏

● **天草大王（あまくさだいおう）**　原産地：熊本県、体重：雄5,000〜6,700g、雌4,000〜5,600g。商品規格での体重：雄4,000g、雌3,000g。明治中期に中国から輸入した"ランシャン"鶏を元に、天草地方で改良された大型の肉用鶏。昭和時代に絶滅したが、1992（平成4）年に、県農業センターが、ランシャンに大軍鶏、熊本種を交配して復元した日本鶏。熊本県では、天草大王、久連子鶏、肥後矮鶏、地すり、熊本種を、郷土の誇る「肥後五種」とよんでいる。このうち、天草大王と地すりは一度絶滅したが現在、熊本チキンや熊本県高品質肉鶏推進協議会が生産している。弾力がありしまった肉の歯ざわりやコクのある味は鶏本来の旨味がある。赤みが美しく骨太の骨から出るスープが美味い。水炊き、たたき、から揚げがとくにおすすめ。平飼いで飼養期間は平均123日と長い。食鳥処理は一羽一羽丁寧に昔ながらの手解体を採用。

● **地すり（じ）**　原産地：福岡県、熊本県。体重：雄3,000〜4,200g、雌2,250〜3,300g。江戸末期から明治初期に作出された短脚黒色の肉用鶏で、かつては九州で広く飼われていたが、昭和30年代に絶滅した。1977（昭和52）年から、県農業センターが、軍鶏と達磨矮鶏を交配して復元した日本鶏。「肥後五種」のひとつ。

● **熊本コーチン**　体重：雄平均4,000g、雌平均3,000g。熊本県養鶏試験場が絶滅寸前の在来種の"熊本種"を復元し、さらに大型に改良した。熊本コーチンとロードアイランドレッド、白色プリマスロックを交配。飼料には健康を考えてヨモギやおから、にんじん、木酢液、海藻を配合。肉質は赤みを帯びており弾力があり適度な歯ごたえ、ほのかな甘味、昔

ながらのコクがある。平飼いで飼養期間は120日と長い。熊本県高品質肉鶏推進協議会が生産する。

- **肥後のうまか赤鶏**　体重：平均3,000g。鶏のストレスを緩和して強い体になるようにハーブを加えた専用飼料で、平飼いで育てる。安全と適度の歯ごたえとコクのある味わいにこだわった赤どり。飼養期間は平均70日。ハーバードレッドブロを交配。熊本チキンが生産する。
- **うまかハーブ鳥**　体重：平均3,000g。鶏のストレスを緩和して強い体になるようにハーブを加えた専用飼料で育てる。鶏特有の臭みがなく旨味があり歯ざわりが良くシャキシャキした食感。低カロリーでヘルシー。鶏種はチャンキー。飼養期間は50～55日。熊本チキンが生産する。
- **庭鶏**　体重：平均3,000g。ハーブを加えた専用飼料で飼育する。鶏種はチャンキー。飼養期間は50～55日。熊本チキンが生産する。

たまご

- **かぐや姫たまご**　竹林のさわやかな空気の中で、環境とえさ、水にこだわって育てた鶏が産んだ卵。殺菌効果が期待できる竹林に建つ鶏舎で、舎内の環境はニームオイルで整えて、飼料には木酢やヨモギ、沸化石、海藻などのほか6種類のハーブ類を加え、清らかな地下水を電磁分解して与える。ビタミンEが普通の卵の7倍、甘みは26％アップ。緒方エッグファームが生産する。

県鳥

ヒバリ、雲雀（ヒバリ科）　留鳥。晴れた日に鳴くので"日晴り"といわれる。また、鳴きながら空高く舞い雲にのぼるので"雲雀"とも書く。雌雄とも頭から尾まで黄褐色だが、雄は頭の羽を良く立てる。昔から俳句や和歌に数多く詠われている。英名は、空で戯れている鳥の意味から"Skylark"。茨城県も県の鳥に指定されている。

汁　物

汁物と地域の食文化

　熊本県のシンボルともいわれている阿蘇山、熊本地方の生産を支配してきた広大な草原、数多い温泉、南国特有の太陽の恵みは、鳥、ウシ、農作物を見事に育てるのに貢献してきている。また、馬肉料理やズイキ料理の展開にも貢献したようである。「肥後もっこす」といわれる熊本県民のさっぱりした気質は、飾り気のない郷土料理を生み出したといわれている。

　有明海は魚介類の資源が豊富であるが、天草やその周辺の数多い島々の地形は、クルマエビやマダイ、ハマチなどの養殖に好適である。郷土料理には辛子レンコン、豆腐の味噌漬け、高菜漬け、いきなり団子などがあるが、素材の味を求めるところから、魚介類は新鮮なうちに食べる刺身や焼き魚のような料理が多い。

　秋の収穫時期に豊作を祈って神様に供える郷土料理に「つぼん汁」がある。「つぼ汁」または「つぼの汁」ともいう。鶏肉・シイタケ・サトイモ・ゴボウ・ニンジン・コンニャク・豆腐・竹輪・蒲鉾を混ぜて、醤油仕立ての味付けで、汁の多い汁物に作ったものである。赤飯と一緒に食べるのが、この祭の習わしといわれている。人吉・球磨地方の郷土料理の「つぼん汁」は、鶏肉・ニンジン・ゴボウ・豆腐・蒲鉾などを「いりこ（煮干し）」のダシで煮て、醤油で調味したものである。このようなけんちん汁に似た汁物は全国各地にあるが、熊本県にも存在するのは、収穫時期と豊作との関係から田圃のドジョウを利用した汁物である。

　農繁期のおやつとして、サツマイモを使った「いきなり団子」は、熊本県の人気の郷土料理である。熊本県は温暖な島嶼と冷涼な山地では露地栽培、平地ではハウス栽培により全国の野菜類や果物類の生産量は上位に位置している。とくに、いろいろな品種のトマトは関東地方のスーパーや百貨店の野菜コーナーで見かける。

　凡例　1世帯当たりの食塩・醤油・味噌購入量の出所は、総理府発行の2012年度「家計調査」とその20年前の1992年度の「家計調査」による

　15品目の野菜を「くまもとふるさと伝統野菜」として制定している。その中のカラシ菜の種類の阿蘇タカナは、漬物として保存し、水前寺菜は味噌汁の具に利用している。

　汁物の郷土料理には、地鶏を家でつぶし、身肉と野菜類を醤油仕立ての弱火で煮る「のっぺい汁」（のっぺ汁）、熊本県の郷土料理の「どじょう汁」は、本物の生きたドジョウを入れた味噌仕立ての汁物である。秋の新大豆でつくる「呉汁」、冬には小麦粉のうどん生地を平たい麺状にし、サトイモ、ハクサイ、ダイコン、揚げ豆腐などと煮込んだ「だご汁」など季節感を味わう汁物がある。小麦粉に潰したサツマイモを入れた団子と野菜を入れて煮る「いきなりだご汁」、雛祭りの「ハマグリ汁」は昆布のだしと白醤油で作り、味噌仕立ての「あさり汁」にだし汁は必要なくアサリのうま味を堪能できる。人吉・球磨の那須高原の郷土料理「那須汁」（一般には「つぼん汁」という）は、鶏肉・ニンジン・ゴボウ・豆腐などをイリコだしで煮込んだ醤油仕立ての汁物である。サツマイモを潰し、小麦粉を入れた団子と黒砂糖を入れた団子を作り、両方を一つの鍋で味噌仕立ての汁で煮たものが「あんもちだご汁」である。

食塩・醤油・味噌の特徴

❶食塩の特徴

　有明海や八代湾沿岸で塩づくりをしていたこともあった。県内では天草でつくっている塩が流通しているが、熊本県以外の地域でつくった塩も流通している。天草でつくっている食塩に「天草の海水塩」「はやさき　極上」「小さな塩」（天日塩）、「小さな海」（煎ごう塩）、「天日古代塩」などがある。

❷醤油・味噌の特徴

　醤油は濃口醤油、味噌は麦味噌が主体である。いずれも少し甘味がある。熊本でつくられている醤油の種類には、濃口醤油のほか、淡口醤油、刺身醤油、だし醤油などもつくっている。

　味噌の種類は、麦味噌のほかに、米味噌、合わせ味噌、赤だし味噌がある。

1992年度・2012年度の食塩・醤油・味噌の購入量

▼熊本市の1世帯当たり食塩・醤油・味噌購入量（1992年度・2012年度）

年度	食塩（g）	醤油（mℓ）	味噌（g）
1992	2,797	12,958	11,813
2012	2,402	6,465	8,009

▼上記の1992年度購入量に対する2012年度購入量の割合（%）

食塩	醤油	味噌
85.9	49.9	67.8

　熊本市の1世帯当たりの味噌の購入量は、1992年度も2012年度も九州地方では多く、全国で上位である。1992年度の味噌の購入量に対し2012年度の購入量の割合は、約70%であることから、20年間に味噌の購入量の減少はみられるが、熊本県の汁物には、味噌仕立てのものが多いことから、味噌汁のような郷土料理は、継承され続けていると思われる。

　食塩の購入量は、1992年度も2012年度も、大分県の購入量に比べると、やや多い。伝統野菜の塩漬け作りを続けている家庭が残っていることが、食塩購入量の多い一因とも考えられる。

地域の主な食材と汁物

　熊本県も半島や島嶼のある湾岸域は、温暖である。一方、阿蘇山は広大なカルデラで、冷涼である。農業は野菜の生産を主体にしている。とくに傾斜地では果物類が栽培されている。半島や島嶼の静かな海域では魚やエビの養殖に適切な海域となっている。

　古くから、海の幸、山の幸に恵まれているが、現在は半島や島嶼では魚介類の養殖が盛んになり、「獲る漁業」から「作る漁業」と進化し、少ない平地ではハウス栽培で計画生産に取り組み、カルデラ地帯では牧場などが行われている。地形が複雑だから、郷土料理も多い。

主な食材

❶伝統野菜・地野菜

　熊本京菜、水前寺菜、鶴の子いも、阿蘇高菜、黒皮カボチャ、熊本長ナス、一文字（ワケギ）、その他（サツマイモ、キュウリ、キャベツ、ダイ

コンなど）

❷主な水揚げ魚介類

養殖が中心（フグ、マダイ、クルマエビ、ノリ）。一般の漁業ではハマグリ、アサリ、マダイ、タチウオ、コノシロ、キビナゴ、マダコ

❸食肉類

くまもとあか牛、熊本コーチン、天草大王（鶏）、馬肉

主な汁物と材料（具材）

汁　物	野菜類	粉物、豆類	魚介類、その他
いきなりだご汁、いきなり団子（サツマイモをアンにした団子）			みりんや醤油で味をつけた汁に団子を入れる
はまぐり汁			有明海産のハマグリの潮汁
あさり汁			有明湾産のアサリの味噌汁
那須汁			那須地区の自然農園の野菜を具にした汁
のっぺい汁	ゴボウ、ニンジン、ダイコン、サトイモ		鶏肉、コンニャク、調味（醤油/砂糖/赤酒）
どじょう汁	サトイモ生茎、ミョウガ、きんしょうの葉		ドジョウ、油脂、味噌仕立て
だご汁	サトイモ、ハクサイ、ダイコン、ネギ	小麦粉→団子、揚げ豆腐	味噌仕立て
皮鯨入りだご汁	タケノコ、サトイモ	豆腐、米粉→団子	鯨、調味（醤油/味噌）
あんもちだご汁	サツマイモ	小麦粉→団子	調味（黒砂糖/みりん）

郷土料理としての主な汁物

● のっぺい汁　かつては、地鶏を家でつぶし、食材にした。現在のブロイ

ラーに比べると、肉質は硬く中高年には好まれるが、若年層や児童生徒には好まれない。「のっぺい汁」は、鶏肉を季節の野菜と煮込み、最後に、溶き片栗粉をまわして粘りをつける。料理が冷めにくくするための調理法である。

- **どじょう汁**　水を入れた鍋にドジョウを入れて、飛び出さないように蓋をして火にかける。半分ほど煮えてから、味噌、夏野菜などを入れて完全に煮る。
- **呉汁**　大豆を擦り潰したものが「呉」、味噌汁に入れたのが「呉汁」。大豆たんぱく質の供給源となある。ただし、大豆アレルギーの人は飲用しないほうがよい。
- **つぼん汁**　人吉、球磨地方の「郷土料理」。鶏肉、ニンジン、蒲鉾、その他の野菜をイリコだし汁で煮、祭りや祝い事などに作る。
- **だご汁**　熊本の冬は体の芯から冷えるので、体を温める汁物「だご汁」が各家庭で作られる。イリコだし汁で煮て調味には赤酒を使う。材料は年代とともに変わる。地産地消を考え、地元の野菜を使うことが多い。

伝統調味料

地域の特性

▼熊本市の1世帯当たりの調味料の購入量の変化

年　　度	食塩（g）	醤油（ml）	味噌（g）	酢（ml）
1988	4,995	16,857	16,193	2,776
2000	2,298	8,688	10,432	2,528
2010	1,948	7,944	7,630	2,222

　熊本県に属する天草諸島で漁獲される海の幸は、天草の人にとって自慢の味である。島原湾や八代海に浮かぶ島々では、天然の魚介類も養殖の魚介類も豊富で、新鮮に入手できるので生食が基本である。天草には、創業から100年以上たっても職人たちが2年間熟成する濃口醤油がある。この濃口醤油は刺身に最適であると地元の人々は自慢している。一方、熊本には甘口の醤油は、九州地方の独特の甘味のある刺身醤油である。

　九州地方の濃口醤油は、刺身用に使われるだけでなく、「卵かけご飯」に最適であることをアピールしているものが多いのは、九州地方には卵かけご飯を利用する人が多いようである。「家計調査」をみると、九州地方の1世帯当たりの醤油の購入量は、四国や関西など全国のほかの地域より多い傾向がみられている。甘口の醤油を好む九州地方の人々の1世帯当たりの砂糖の購入量を「家計調査」（総務省統計局）を参考にすると、他の地域の人々に比べやや多い傾向がみえる。

　熊本地方の人々の生活には球磨焼酎が欠かせないと伝えられている。熊本県は清酒づくりの南限と知られている。ここには清酒の仲間に赤酒がある。いつ頃から造られたかは定かではないが、加藤清正（1562〜1611、安土桃山時代の武将）が朝鮮で伝授されたのではないかとの言い伝えがある。みりんのような甘味のある酒で、正月の屠蘇や料理の調味に使われている。最近の生産量は少ないが、明治時代までは盛んに造られていたらし

い。

　蒸留酒の焼酎も調味料として使用することもある。沖縄料理の調味料として泡盛が使われているところがあるように、九州の郷土料理にも焼酎が調味料として使っているところも多い。球磨焼酎が造り始められたのは室町時代後期で、鹿児島や長崎から伝えられたようである。江戸時代になると人吉盆地の良質のコメによる球磨焼酎の製造が盛んになった。

　熊本名物の「芥子レンコン」は、芥子味噌という薬味となるものを利用したレンコンの食べ物で健康食として考案されたようである。第3代の熊本城主・細川忠利は病弱であった。寛永9（1632）年に、細川家の菩提寺の玄宅寺和尚が、お城の外堀に成育しているレンコンを利用した栄養食を考えたと伝えられている。細川家が代々愛用した食べ物であり、一般庶民の間に普及したのは明治時代以降で、その後郷土料理として受け継がれてきている。「芥子レンコン」のつくり方は、「太めのレンコンは食酢を入れた熱湯で茹でてから、レンコンの穴に辛子味噌を詰めたものである。芥子味噌の作り方は、卯の花・肥後味噌・芥子・クチナシの実を合わせて練って作ったものである。芥子味噌を詰めたレンコンは、小麦粉に、ソラマメの粉・卵黄を入れた衣をつけて、油で揚げたもの」である。小口に切って食べる。サクサクとした歯ざわり、芥子の辛味、レンコンの風味が調和した郷土料理である。かつて、芥子レンコンを食べた人がボツリヌス菌による食中毒を発症したことがあった。食品保存が進歩したことが裏目に出た事件だった。すなわち、芥子レンコンを真空包装して保存しておいたため、嫌気性菌のボツリヌス菌が繁殖してしまい、ボツリヌス菌のもつ毒素による中毒であった。真空包装を信用しすぎたため、油で揚げたときにボツリヌス菌が死滅しなかったためである。

　熊本県の郷土食品に「味噌漬け豆腐」がある。熊本県の芦北地区から球磨地区にかけてつくられる豆腐の保存食である。水きりした豆腐を5〜6日の間乾燥させ、1カ月以上味噌に漬け込む。堅めのチーズの食感がある。八代や水俣地方の名物であるが、この地方ではカキ・ナシ・馬肉・牛肉・鹿肉・イノシシの肉・卵などいろいろな食品を味噌漬けにして保存食としている。

　熊本県は、貴重な米の備蓄に供え、江戸時代の頃は清酒の製造は禁止されていたから、清酒と同様に麹を使う発酵食品を作る醸造元は少なかったに違いない。

醬油・味噌

- **伝統的な技法の醬油・味噌づくりの中に新しい製品も**　創業天保年間（1830〜44）の㈲木屋食品工業は、今でも麹の香りが特徴の「手作り味噌」を作り続けている。創業明治2（1869）年のフンドーダイ㈱は、醬油・味噌の他にソースや麺つゆなども作っている。

　　熊本の醬油・味噌醸造会社も味噌は甘みのある麦味噌を主体に、醬油は濃口醬油を作っている。水俣市の中屋醸造㈲は、味噌の種類は米味噌、麦味噌、合わせ味噌、赤だし味噌とほとんどの種類を製造している。醬油についても濃口、淡口、さしみ、だし醬油、無添加醬油など時代の求めにあった発酵食品を作っている。

- **健康食イメージの醬油**　明治23（1890）年創業の浜田醬油㈱は、健康食品に力を入れているようで、「ミネラル醬油」「薬膳醬油」など健康食をイメージした醬油を販売している。
- **豆腐チーズ**　熊本県の郷土の食品に「豆腐の味噌漬け」がある。適度に硬くなりチーズのようである。みそ工房という30年前に設立された会社は、独創的な方法で「豆腐チーズ」を作っている。
- **加工品も作る味噌・醬油の蔵元**　醬油を作るなら佃煮も食酢も作れるという発想で加工品や食酢を作っている会社もある。
- **もろみっこ**　廃棄された球磨焼酎の粕（もろみ濃縮液）を濃縮・乾燥させ、塩・コショウをブレンドしたもの。球磨焼酎の産地の人吉地区で生まれた調味料である。ピリリと辛く、パンチのあるパウダーで発酵臭が残っている。炒め物の味付けによい。

食塩

- **熊本の塩の歴史**　昔は、熊本県の塩田は有明海・八代湾岸地域の広大な干潟を利用してつくり、大規模な入浜式塩田と鉄釜に海水を入れて、石

炭で加熱して製塩が行われていた。5～6世紀の古墳時代に使用されたと思われる天草式製塩土器が九州一円に供給されていたといわれている。

- **天草の海水塩**　天草灘の海水を使用した「天草の塩」は「塩味・酸味・苦味・甘み」のバランスよいまろやかな塩との評価がある。
- **天然ミネラル塩**　浜田醤油㈱が取り扱っている食塩。
- **はやさき　極上**　天草郡の早崎海峡の海水で作る塩（自然食品研究会）。
- **小さな海（天日塩）、小さな海（煎ごう塩）**　天草町の珊瑚礁が多くきれいな岩場のある海水（対馬暖流系海流）で作る塩（天草塩の会）。
- **天日古代塩　天日古代塩（釜焚き）**　天草五和町の通詞島の沖合いの海水（対馬暖流系海流）で作る塩（㈲ソルト・ファーム）。
- **ハイヤの塩**　牛深沖の海水で作る塩（里の会）。

酸味料

- **火の国ポン酢**　デコポンの果汁を入れたポン酢である。デコポンは甘みと酸味のバランスがよく収穫量が多くないので、高級果物となっている。デコポンの果汁の香りと醤油の香ばしさがジューシーでフルーティーな酸味料となっている。
- **柚子こしょう**　青柚子を洗い塩漬けにしてから、皮の部分と青唐辛子は丁寧にすり下ろし、天日塩と混ぜて作る。湯前町の下村婦人会のものが美味しいとの説もある。

郷土料理と調味料

- **味噌漬け豆腐**　熊本県の球磨地方の豆腐の保存食。水切りした豆腐を5～6日乾燥させ、これを1カ月以上味噌に漬け込む。出来上がったものは、素朴な味であり、チーズのような食感があり、焼酎の肴によい。八代や水俣の名物である。
- **アユ料理**　①球磨川で獲れるアユの河原焼きは、獲れたアユを食塩を入れた食酢に漬けておいて、食酢が全体に回ったところで、河原で焼いて賞味する。②アユの酒粕漬けは、アユに塩を振ってから酒粕に漬け込んでおく。漬け具合を見て、酒粕から取り出して、焼いて賞味する。

発　酵

球磨焼酎

◆地域の特色

　明治時代初期までの令制国では肥後国にあたり、有明海、不知火海、東シナ海に面している。九州本島の中央部に位置し、福岡、大分、宮崎、鹿児島の各県と境を接し、海上で有明海を隔て長崎県とも接する。東部には、日本2位の阿蘇カルデラをもつ阿蘇山や九州山地の山々がそびえ、西部は熊本平野が有明海に、八代平野および芦北地方のリアス式海岸が不知火海に面する。その間に宇土半島が突き出し天草諸島に続いている。中心都市である熊本市は、市域で70万人超の人口を支える水道水がすべて地下水でまかなわれている、水に恵まれた都市である。球磨地方は、人吉盆地を中心とした内陸気候と山地型の気候であり、寒暖の差が激しい。年降水量も2400mm程度と多いほか、夏は猛暑日になることもあり冬には最低気温が氷点下まで下がる冬日も多い。

◆発酵の歴史と文化

　肥後の赤酒（あかざけ）は古くから熊本地方に伝わる酒で、灰持酒（あくもちざけ）といわれる酒である。米を原料に、日本酒と同じような工程で仕込み、醪（もろみ）に木灰を投入することで、酸敗を防ぎ保存性をよくするという、平安時代から伝わる製法を受け継いでいる酒である。

　醪に木灰を入れるという酒の製法は、平安時代の『延喜式』の中の記述にみられる。酒を加熱して保存性を高める「火入れ」という方法が確立するまで、「火落ち」と呼ばれる酒の酸敗がしばしば起こった。このようなときに、アルカリ性の木灰を投入することで、酒の酸を中和して保存性を高めるという方法がとられた。通常、酸性である醪がアルカリ性になることにより、色調が赤くなる。この赤に近い褐色は古酒になればなるほど、濃厚な色合いになる。熊本では、加藤清正が熊本城を築城した頃には、すでに赤酒が庶民の酒として親しまれており、その頃加藤家から大坂の豊臣家

に熊本の名産として献上されたという記録も残っている。江戸時代になると肥後細川藩では赤酒を「お国酒」として保護した。気候の温暖な熊本では、せっかく仕込んだ酒が火落ちしてしまうことも多かったため、藩の政策だったと考えられている。

　明治時代～昭和初期まで赤酒は熊本の多くの蔵で造られていたが、戦後は、一時、その姿を消してしまった。その後、赤酒は復活し、御神酒やお正月の屠蘇酒として、また熊本ならではの料理酒としてその需要は回復している。瑞鷹（熊本市）と千代の園酒造（山鹿市）で造られている。この他、灰持酒としては、鹿児島県の薩摩地酒や島根県の地伝酒がある。

◆主な発酵食品

醤油　　いわゆる九州醤油と呼ばれる、通常の濃口醤油に独特の甘さを加えて造られる甘口の醤油が好まれる。フンドーダイ（熊本市）、マルホン醤油（上天草市）、ホシサン（熊本市）、浜田醤油（熊本市）、丸亀醤油（山鹿市）、中屋醸造（水俣市）などで造られている。

味噌　　上記の醤油メーカーのほか、釜田醸造所（人吉市）、緒方こうじ屋（水俣市）、原田食品製造所（山鹿市）などで造られている。

干し味噌　　一番醤油をとった後の醤油ガラにユズの皮やショウガ、ごま、コショウなどをすり入れ小さな団子にして干したもので、球磨郡で造られている保存食である。

日本酒　　世界最大級のカルデラを有する阿蘇や九州山地の伏流水をはじめ、湧水に恵まれ、県内に点在する湧水群は1000を超えるといわれる。その水は大地を潤し、おいしい米と日本酒が生まれている。

　熊本酵母発祥の蔵である熊本県酒造研究所（熊本市）のほか、瑞鷹（熊本市）、通潤酒造（上益城郡）、美少年（菊池市）、千代の園酒造（山鹿市）など、10ほどの蔵がある。

焼酎　　球磨焼酎は、球磨郡および人吉市で製造される米焼酎である。1995（平成7）年にその伝統と製法が認められ、国による地理的表示（GI）が認められた。米と米麹を原料とした醪を単式蒸留器により蒸留したものである。現在使われている麹は、ほかの地域と同様に白麹菌がほとんどであるが、かつては日本酒造りの黄麹菌が使われていた。白岳酒造研究所、高橋酒造、大石酒造場、房の露、福田酒造など、約20の蔵で製

造されている。その他、天草酒造（天草市）などで芋焼酎なども造られている。

納豆　関西から西は、納豆を食べない地域が多い。しかし、熊本では古くから人気の食品であった。その理由として、「昔、熊本にいた加藤清正が出陣の折り保存食としてわらに煮豆を包んでウマの背に載せていたところ、ウマの体温で発酵して糸を引く納豆になっていた。この摩訶不思議な豆を侍たちが食したときにおいしいとして広まった」という伝説が残されている。マルキン食品（熊本市）、丸美屋（玉名郡）などで造られている。

うるか　急流で知られる球磨川のアユは、独特の香りと風味をもつ。このアユの内臓を漬けた「苦うるか」や卵巣、精巣を塩漬けした「子うるか」が、球磨郡で作られている。塩辛の一種である。

あかど漬け　阿蘇地方で栽培されている赤ど芋の赤い茎を使った漬物である。生姜醤油で食べるとおいしい。

高菜漬け　阿蘇を代表する農産物である阿蘇高菜の漬物で、シャキシャキとした歯ごたえとピリッとした辛味が特徴である。緑鮮やかな「新漬け」と、多めの塩分でじっくり漬け込んだべっこう色の「古漬け」がある。

漬けあみ　玉名地域で獲れる、小粒で甘みのある新鮮なエビを塩で漬け込んだもので、塩辛の一種である。あみ漬けとも呼ばれる。

豆腐の味噌漬け　球磨郡五木村や八代市泉町五家荘周辺に伝わるもので、平家の落武者によって保存食として利用されていたと伝えられている。各家庭で作られるほか、土産物として市販もされている。伝統的なもののほか、山菜入り、スモークチーズのような食感の燻製豆腐などさまざまな商品が作られている。

和紅茶　山鹿は、1875（明治8）年、日本初の「紅茶伝習所」が設置されたことから和紅茶発祥の地と呼ばれている。明治時代末期に紅茶の栽培は衰退したが、2008（平成20）年に「やまが復刻紅茶」が生産されるようになった。菊池、阿蘇でも作られている。

雑節　雑節はサバやアジ、イワシといった、カツオ以外の魚を原料に製造され、主に西日本で使用されている、料理に深みを出すには欠かせない「節」である。天草が日本一の産地である。

◆発酵食品を使った郷土料理など

からし蓮根　味噌、粉辛子、蜂蜜を混ぜ合わせて作った辛子味噌をレンコンの穴に隙間なく詰め込み、小麦粉、ターメリックを含む揚げ衣を付けて天ぷらにした郷土料理である。

だご汁　阿蘇地方などで寒い季節に作られる。味噌や醤油味のだし汁にゴボウ、ニンジン、サトイモ、豚肉などを入れて煮込み、最後にこねただんごを手でちぎって平たく延ばしながら入れる。

馬刺し　新鮮なウマの生肉におろしたショウガやニンニクなどの薬味を添えて、甘口の醤油で食べる。食用のウマの畜頭数は、福島県や青森県を抑えて熊本県が1位である。

◆特色のある発酵文化

熊本酵母　吟醸酒の発展に大きな役割を果たした酵母で、1990年代半ばまで全国新酒鑑評会出品酒に最も多く使われていた。酸は少なく香気が高いので吟醸酒に向いている。今日でも吟醸酒造りの多くに用いられている。1953（昭和28）年頃に、熊本県酒造研究所（熊本市）の醪より分離され、1968（昭和43）年から「きょうかい9号酵母」として日本醸造協会より頒布されている。酒造りのプロである杜氏の間では、鑑評会で金賞を取るためには、「YK35」という公式めいた有名な言葉がある。「酒米は山田錦、酵母は熊本酵母、そして精米歩合35％の白米を使わなくてはならない」という意味で、それぞれの頭文字などに由来する言葉である。

◆発酵にかかわる神社仏閣・祭り

本村神社（味噌天神）（熊本市）　741（天平13）年に建立された肥後国分寺の味噌蔵の鎮守神とされてきたことから、味噌天神として知られるようになった。日本で唯一、味噌に対するご利益があるとされる神社である。

阿蘇神社（阿蘇市）　全国に約450社ある阿蘇神社の総本社である。その歴史は2000年以上といわれている。毎年、初詣の参拝客には、12月から神社の神饌所で仕込まれる約3万人分の甘酒が振る舞われる。神社などで造られる甘酒の製造規模としては日本一と思われる。

山王神社（宇土市）　山王まつり　花園町にある山王神社に伝わる祭りで、約700年の歴史があるといわれている。赤い着物を着て、サルに扮した15〜30歳までの若者が「ホーライ、ホーライ」の掛け声とともに甘酒を掛け合うという珍しい祭りである。甘酒は収穫された稲の霊を象徴するものであり、この甘酒がかかった人は1年間無病息災で過ごせると伝えられている。

◆発酵関連の博物館・美術館

球磨焼酎ミュージアム白岳伝承蔵（人吉市）　高橋酒造により設立された博物館で、兜釜蒸留器をはじめ明治時代〜大正時代の道具などが展示されており、球磨焼酎の製造工程が学べる。

瑞鷹酒蔵資料館（熊本市）　熊本に伝わる伝統的な、灰持酒の赤酒などの資料が展示されている。

千代の園酒造資料館（山鹿市）　豊前街道の古風な町並みにある建物で、伝統的な酒造りの道具などが展示されている。

タカノフーズ 納豆資料館（熊本市）　マルキン食品により、1997（平成9）年に開設された資料館で、納豆にまつわるさまざまなものが展示されている。

◆発酵関連の研究をしている大学・研究所

熊本大学工学部物質生命化学科　米焼酎の新規発酵法の開発などの応用研究が盛んである。

崇城大学生物生命学部応用微生物工学科　日本酒や焼酎の酵母に関する基礎的、応用的な研究が盛んである。

東海大学農学部バイオサイエンス学科　産官学連携でゼロエミッションの芋焼酎の製造に関する研究などが行われている。

コラム　パスツールの低温殺菌と火入れ

　日本酒が貯蔵中に白濁して変敗することを火落ちという。その原因は、火落ち菌（アルコール分10％以上でも生育できる特殊な乳酸菌）の繁殖のためである。火落ち菌の殺菌のために、「火入れ」という工程が行われる。加熱殺菌の一種であるが、酒質を損なわないように約60℃と比較的低温で行われるので、低温殺菌とも呼ばれる。

　明治時代に来日したイギリス人お雇い教授のロバート・アトキンソンは、1881（明治14）年、日本各地の造り酒屋で「火入れ」の様子を視察し、温度計のない環境で約60℃の低温殺菌をしているのに驚いたと記述している。ヨーロッパではワインの変敗を防ぐ方法として実用化されて間もなかったのに、すでに同様の方法が日本で確立されていたからである。杜氏は加熱した酒の表面に指を入れ、「の」の字がやっと書ける熱さで、経験的に最適な温度を測っていたのである。

　この「火入れ」という工程は、室町時代に書かれた『多聞院日記』の中に、「1568年6月夏『酒ヲニサセ』」と出てくる。これが文献に出てくる最初の火入れ殺菌である。低温殺菌（火入れ）は、フランスのルイ・パスツールが1860年頃（江戸時代末）、ワインの変敗を防ぐ方法として考案したことから、パスツリゼーションとして世界に知られているが、日本ではそれより約300年も前に低温殺菌が行われていたのである。

和菓子 / 郷土菓子

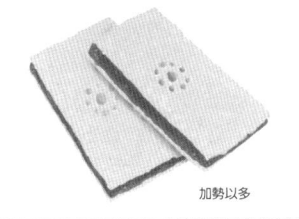

加勢以多

地域の特性

　九州の中央部に位置し、福岡、大分、宮崎、鹿児島の各県と隣接し、有明海を隔てては長崎県とも接している。気候は県内全域が太平洋側気候に属し、冬と夏で寒暑の差が大きい。緯度の割には冬の気温は寒冷である。

　かつては肥後国とよばれ、熊本藩・宇土藩・人吉藩がある。熊本藩の初代が加藤清正で、干拓や堤防の整備に努め、その業績から今も土木の神様とされ、「清正公さん」の名がある。加藤家2代忠弘のとき改易となり、細川氏が入部。以降、明治になるまで細川氏が治めた。

　熊本の2大銘菓の「朝鮮飴」「加勢以多」。前者は秀吉、後者は細川三斎に因んでいる。細川三斎の奥方はキリシタンで知られる細川ガラシャである。天草には隠れキリシタンの信仰も伝わり、天草地方の菓子「赤巻き」は、愛媛の「タルト」の仲間で、南蛮菓子の雰囲気を伝えている。

　なお、熊本の郷土菓子に「いきなりだんご」があるが、からいも（薩摩芋）をいきなり切って小麦粉の生地に包んで蒸したもので、簡単にできるということだが、転じて県内では片付けの苦手な人を「いきなりな人」という。正直でありのままということらしい。

地域の歴史・文化とお菓子

熊本の2大銘菓「朝鮮飴」と「加勢以多」

①加藤清正ゆかりの「朝鮮飴」

　最近、熊本といえば、赤いほっぺが愛らしい県のPRキャラクター「くまモン」が大人気である。彼を利用した商品の売上高が、2014年で少なくとも643億2,000万円に達したという。中国やタイなど海外での売り上げも大きく、県の担当者は更なる飛躍を期待している。

　そうした熊本県で、安土桃山時代の天正年間（1573～92）創業という、

朝鮮飴の老舗・園田屋がある。店の開祖・武衛門が作っていた飴が「長生飴」で、この飴が後に「朝鮮飴」となった。

　豊臣秀吉のいわゆる朝鮮出兵「文禄・慶長の役」の際、当時肥後宇土の城主だった加藤清正が携えていったのがこの「長生飴」である。1597（慶長2）年には大苦戦をし、蔚山城で籠城となり、そのときの窮乏を助けてくれたのが「長生飴」で、兵糧として大いに役立ったのである。

②朝鮮飴の製法

　清正は朝鮮より帰国後、熊本城を築城して肥後52万石の太守となる。そして籠城を支えてくれたこの「長生飴」に感謝をこめて、「朝鮮飴」と改名したといわれる。彼はこの飴を珍重し、家臣の甲斐宗連に製法の管理をさせ、市販を許さなかったという。

　製法は、肥後産のもち米を一晩水に浸し、石臼で挽いて窯に入れ、糊状に練ったら水飴、砂糖（昔は黒糖）を加えさらに5時間練って、木型に入れて固める。飴にはたっぷりと片栗粉がまぶされている。朝鮮飴は、飴というより求肥飴で、飴菓子ではなく餅菓子の仲間である。

③その後の朝鮮飴

　熊本では今でも加藤清正を「清正公さん」とよんで人気が高い。だが加藤家2代忠弘のとき、1632（寛永9）年ある事件に連座してお家は断絶する。

　その後、豊前小倉から細川忠利が54万石で入部し、廃藩置県まで細川氏が藩主となる。細川家もこの飴を重用し、毎年6月将軍家への献上菓子とした。江戸中期に、甲斐家から仕法を譲られたのは山城屋（現在はない）で、8代将軍吉宗への献上飴の礼状として老中水野和泉守より細川越中守に宛てた書状が残されていた。

　初期の朝鮮飴は黒砂糖と玄米が使用され、淡褐色の「黒朝鮮飴」であった。が、砂糖の普及とともに白砂糖と精白米を用いた「白朝鮮飴」になり、人気も高まり、1970年代前半には30軒以上の店が手掛けていた。現在は園田屋など数軒があるのみとなった。

④細川三斎と「加勢以多」

　長崎を窓口として、我が国に南蛮菓子が伝わった。その菓子たちが日本の各地に何の違和感もなく"すまして"定着している。そうしたお菓子の1つに熊本の「加勢以多」がある。

この菓子はポルトガル語の「カイシャ・ダ・マルメラーダ（Caixada marmalade：マルメロの小箱)」という菓子に由来するもので、この名前の発音がなまって「かせいた」になったとされる。

「マルメラーダ」とは、マルメロの果肉を水にして潰し、砂糖とともにペースト状に煮詰め、乾燥させたゼリー状の菓子である。「マルメラーダ」はポルトガルの呼び名であり、同様の菓子をスペインでは「メンブリージョ」とよばれていた。

さて大航海時代、我が国にも物流に乗って「マルメラーダ」が伝来していた。伝えるところによると、熊本藩主・細川三斎（忠興・1564～1600）が、長崎の出島を訪れた際、「マルメロで作ったジャム」を賞味し大変気に入ったそうだ。茶人でもあった三斎は、これを「茶の湯の菓子に…」と考え、持ち帰ったのが「加勢以多」の最初とされている。

⑤「加勢以多」というお菓子

マルメロは中央アジアが原産のバラ科の落葉高木。果実は黄色く洋ナシ形で、甘酸っぱくて香気がある。現在の「加勢以多」は、この果実の皮を剥(む)き砂糖を加えて煮詰めてジャム状にし、薄い最中皮でサンドイッチのように挟み、長方形に切った菓子である。真ん中に細川家の九曜紋の焼印が押されている。

細川三斎は、マルメロの木を領内に植え、「加勢以多」を作り京都や江戸に大量に送ったという。毎年４月には、これを将軍家に献上していた。

『本朝食鑑』（人見必大著・1697［元禄10］年）には、「麻留免羅(まるめら)。もと蛮国の種にして、長崎より移して来て処々に稀にあり。樹は海棠(かいどう)に類し、高く長く、葉もまた棠檎に似て薄く長く、鋸歯あり。花は白くして緑を帯び、五出（五弁）である。実は志登美(しとみ)に似て、円台、味ひ甘酸、木せず。ほぼ空閑梨に似たり。蛮人沙糖蜜を用いて以て飴を作り、呼んで加勢以多(かせいた)と称す」とある。

⑥その後の「加勢以多」

我が国でも献上菓子であったが、「マルメラーダ（マルメロゼリー)」は、ヨーロッパの歴史の中でも高価なギフトとして喜ばれ、薬用（日本でもマルメロ・カリンは喉の薬）かつスイーツとして用いられていた。16世紀には英国王、ヘンリー８世がマルメラーダ（英語でマーマレード）を贈られた記録があるという。

ところで、新潟県三条市の菓子店・吉文字屋には季節菓子「初もみじ」があり、これは「カリン羹」である。そして良寛さんも同じ三条の菓子店・三浦屋（現在はない）の「カリンの砂糖漬」を好まれたようであった。

　「加勢以多」の統一文字はない。江戸期より続いた「山城屋」は1993（平成5）年に店を閉じ、現在は古今伝授之間香梅（熊本市水前寺公園）が製造販売をしている。

行事とお菓子

①県北旧植木町の「年取りもち」

　この地方では、年の暮れに餅を搗く時、お飾りの餅くらい大きな餅を作り、中に餡子を丸めて包む。これを元日、家長や長男たちが早く起き、大豆殻で火をおこし「てっきゅう（鉄灸・鉄の細い棒で火に渡して魚などを焼く）」で焼いて食べる。この餅を食べて年を取るという。

②干し柿で占う天草の元日

　元日には重箱に昆布、スルメ、干し柿の3点セットを揃え、来客があると食べてもらう。この時干し柿の種の数でその年の運勢を占う。

③球磨地方の「お嶽だんご」

　3月16日はお嶽さん（市房神社）の祭りで、この日に作る団子。小麦粉ともち米粉を合わせ湯で捏ねる。一口大に丸め、小豆餡を包んで平らにし菜種油で両面を焼く。全体に油が回って香ばしい焼き団子となる。

④阿蘇地方の「風祭りだご」

　旧暦の4月4日と7月7日に、風の祭りをする。4月は餡入りのよもぎだご（饅頭）で、7月は小麦だごで、風穴を塞ぐといって大きなだごを作って神棚に供え、仕事を休む。

⑤5月節供の「粽（ちまき）」

　阿蘇地方での粽は、寒ざらし粉（白玉）に、うるち米粉を混ぜて片手で固く握り、ヨシの葉2、3枚で巻きつけて茹で揚げる。今一つは、クマザサを洗って卵大の団子を挟んで熱湯で茹でる。この時、飴を生地に包む場合もある。球磨地方では、餡入りの粽を「巻饅頭」といい、竹の皮で巻いてあり、食べるときは竹皮ごと切って食べる。

⑥いげの葉で包む「半夏生（はんげしょう）饅頭」

　県北旧植木町（熊本市）では7月1日頃の半夏生には、新麦のソーダ饅

頭を作る。この時イゲの葉で包んで蒸す。イゲはサルトリイバラの葉である。

⑦お盆の「あんこかし」

旧植木町のお盆迎えの13日に作る。麦粉に塩を入れてぬるま湯でよく捏ねる。しばらく置いて15cmくらいの平たい楕円形に成形し、お湯でサッと茹で笊にとって水を切る。練っておいた小豆の餡子をまぶす。これは来客の時やハレの日に作る。

知っておきたい郷土のお菓子

- **誉の陣太鼓**（熊本市） 香梅が作る名菓。大納言小豆の餡の中にやわらかな求肥餅が入る。特許取得の紙缶詰で太鼓の形に包んである。1871（明治4）年に桂宮家から細川家に下賜された「古今伝授の間」は香梅が管理し、「加勢以多」も作っている。
- **菊池松風**（菊池市） 正観寺丸宝などを作る。厚さ1.5mmという最も薄い菊地銘菓。京都から伝わったともされ、小麦粉、砂糖、卵、ケシの実を使い、生地を薄く伸して焼き、冷めないうちに小さな短冊状に切る。
- **ゆべし**（菊池市） 柚子の皮、もち米粉、米粉、麦みそ、砂糖をよく練り、竹皮に包んで蒸し上げる菊地市の郷土菓子。明治初期の西南戦争後に、細川藩の御用菓子司だった島津屋又平が菊池に移り、保存食だった家庭のゆべしをもとに、改良を重ね創製したのが始まり。
- **白玉団子**（八代市） 米処・吉野郷（現氷川町）に江戸時代に米飴屋として創業した白玉屋新三郎が石臼挽き白玉粉を製造。もち米を水挽きで粉にする白玉粉は寒晒し粉ともよばれた。保存性が高く、使い勝手もよいため、大変な高級品だった。現在は、その白玉粉で白玉団子などを作る。
- **柿巻**（山都町） 地元産の投烏帽子柿の干柿をラグビーボール状に十数個を巻き重ね、竹皮と藁で巻く。「福をカキ寄せる」といって年末年始の贈答品・縁起物として人気がある。白糸地区の農家が作る。
- **いきなり団子**（県内各地） 家庭で作られる郷土菓子。厚さ1cmぐらいの輪切りの薩摩芋を小豆餡と一緒にもち米粉や小麦粉の生地で包んで蒸す。「いきなり」は方言で、簡単、手軽という意味がある。
- **銅銭糖**（菊池郡） 阿蘇路の宿場町大津町の名物。銅銭を50枚重ねて棒

状に包んだ形に作られている。みじん粉と砂糖を合わせたものを棒状に抜いて、芯に漉し餡が入っている。安政年間（1854〜59）に浪花屋などが作る。

- **焼酎最中**（人吉市）　寅家が作る郷土菓子。一升瓶の形の最中で、白餡にほのかな焼酎の香りがする。他に黒砂糖餡の2種類がある。球磨焼酎の銘柄が印刷された袋に入っており、ラベルも楽しめる。

- **あかまき**（天草市）　天草地方の郷土菓子。スポンジケーキの生地に餡を塗って巻き、赤い求肥餅でさらに巻いた郷土菓子。天草には「あかね」という大漁を意味する言葉があり、牛深町の漁師たちにも好まれている。

- **肥後しおがま**（熊本市）　菓舗松陽軒が作る銘菓。やわらかな落雁に漉し餡が入れてある。紫蘇の香りのする「しおがま」は九州では珍しい。

- **杉ようかん**（天草市）　米粉を蒸して搗き、伸した生地で餡を挟むように長方形にたたむ。表面に紅の線を引いて杉の葉を添える。琉球王朝の使節団一行が台風に遭遇し崎津に漂着した時、地元の人たちは救助したお礼に使節団より作り方を教えられた。一時途絶えたが、地域の人々が復活させた。

乾物 / 干物

銀杏

地域特性

　熊本県は九州地方の中央部に位置し、福岡県、大分県、宮崎県、鹿児島県などと接し、海上では有明海を隔てて長崎県とも接する。東部の阿蘇地方にはカルデラ火山を持つ阿蘇山や山地の山々を抱え、西部は島原湾、八代湾、天草諸島に続き、熊本平野、八代平野と、山と海の幸に恵まれている。熊本城を構え、かつては肥後の国、江戸時代には加藤清正がこの地を領したことも有名である。

　気候的には全域が太平洋側気候に属し、温暖であるが、冬と夏の温度差は激しい。

　一次産業である稲作の農業県でもあり、さらにトマト、スイカ、イグサなどは日本一を誇り、野菜から果樹園芸と幅広く、イチゴ、ミカン、デコポン、さつま芋、レンコンなどの多くを産し、阿蘇地区の和牛畜産も盛んである。海側はクルマエビ、海苔、真珠の養殖も盛んに行われている。

知っておきたい乾物 / 干物とその加工品

あわ（粟）　　イネ科の一年草アワの穂になる実種で、日本では昔から栽培されており、豊作祈願に登場する5穀の1つである。現在はあまり食べられていないが、戦後の食糧不足のときは粟餅や炊いた粥にしたり、米に混ぜて日常的に食べられていた。生育期間が短く、3〜4か月で収穫でき、ヒエと共に栽培され、現在は食用餅粟があり、うるち粟は小鳥の餌として市販されている。熊本県のほか鹿児島県、岩手県などでも栽培されている。雑穀としてタンパク質、ビタミンB_1、鉄、ミネラルが豊富であるため、近年は健康志向から人気が出始めている。

いもがら、ずいき（芋茎、芋幹）　　熊本城を築城するときに籠城を予見し、畳の芯になる畳床として用いられたことや、太平洋戦争のときには乾パンの原料に用いたり、

肥後ずいきは有名である。サトイモ科の多年草である里芋の茎を乾燥させたものである。今は熊本県のほか、高知県、徳島県、山形県など東北から九州まで幅広く栽培されている。

　生の葉柄を「ずいき」と呼ぶが、葉柄が緑色のカラドリイモやハスイモなどで作った葉柄専用種「青ガラ」、葉柄が赤紫色のヤツガシラやトウノイモなどで作った「赤ガラ」がある。

　また、いもがらの葉茎を2つ、3つに割って乾燥した割菜（わりな）がある。割菜は生のときは湯がいて、熱いうちに酢をかけると赤くなる。おいしく食べられるアルカリ食品である。血圧を下げる効果があり、カリウムのほか、カルシウムや食物繊維が豊富で、脂肪も含まず低カロリー食品である。多少のエグ味があるが、熱湯につけて、冷めたら水を取り替えて煮るとエグ味もとれてよい。

粉末蓮根

熊本県八代郡氷川町に蓮根畑がある。古代蓮大和種の在来種で、背が高く赤褐色の肌が赤色ピンクで「熊本産あか根れんこん」という名が付けられたもの。9月中旬から翌3月が収穫期で、水田の深い泥の中に潜り込み、深い根が特徴で、ポンプの水圧を使った収穫は厳しい。レンコンの節と新芽などを収穫の後に選別し、よく水洗いし、乾燥機にかけて昼夜乾燥し、その後さらに1週間乾燥して、品質が安定したら粉末に挽いて作る。加工品として蓮根蕎麦、うどん、素麺、レンコン饅頭などがある。

粉末玉ねぎ

無農薬玉ねぎを1週間ほど天日乾燥し、粉末にしたもので、玉ねぎに含まれるケルセチンは、天日乾燥することにより格段に品質が上がる。

熊本産板海苔

浮流し式漁法で、支柱式漁法では行われていない。葉質は柔らかく色付きもよい。西日本地域での一般製品が主体である。

水前寺海苔

淡水産の藍藻であるスイゼンジノリを乾燥した製品。淡水池に生育し、群体を形成しながら成長する。寒天質で、黒褐色や暗緑色をしている。熊本県の江津湖（えづこ）で発見されて以降、江戸時代には肥後細川藩によって幕府の献上品として管理するなどされてきた。現在は国指定の天然記念物である。九州地方の一部だけに生育する。養殖がまだできないので、現在は、福岡県朝倉市の黄金川の伏流水などで少量な

がら採取されているのみである。

鶏冠海苔（とさか）　ミリン科トサカ属の多年生海藻であるトサカノリを乾燥した製品。太平洋沿岸中部から瀬戸内海、九州に分布し、海藻としてはやや深い場所（水深5〜20mの岩礁）に生息する。葉状態の縁が不規則に裂けて枝分かれし、高さ30cm、幅5cmで、不規則な形がとさかに見えることから「鶏冠海苔」の名が付いた。乾燥品のほかに塩蔵品が多く、寿司屋や日本料理店のさしみの褄や海藻サラダの色付けには欠かせない脇役である。

・赤とさか：海から採取した海藻を天日干しにすると、くすんだ紫色が鮮やかな赤色に変化する。その後洗浄し、乾燥したものである。

・青とさか：くすんだ紫色のとさかをアルカリ処理すると色が緑色になる。消石灰に2週間ほど浸けて、その後洗浄し、乾燥する。

・白とさか：天日干しとアルカリ処理を白くなるまで数回繰り返した後に乾燥させると、海藻は脱色され真っ白なとさかに変わる。熊本県天草、有明のほか長崎県などが主な産地である。

室鯵節　アジ科の海水魚ムロアジで作った削り節。鹿児島県でも漁獲はあるが、熊本産のほうが多い。生産量は減少傾向にあるが、ムロアジは脂肪が少なく、肉にあまり締りがないため、鮮魚として食べられることはない。ムロアジ節は中部地方では特に好まれている。コクのある黄色っぽいだしが取れる。サバ節に似ているが、魚臭くないのが特徴。西日本では、うどんのだしに利用されている。

Column

　ケルセチンとはイソフラボノイド系のポリフェノールの一種で、野菜に多く含まれる。レタス、ブロッコリー、特に玉ねぎに大量に含まれており、抗酸化、抗炎症、脂肪吸収抑制効果などにより、生活習慣病の予防改善効果があるといわれている。

Ⅲ

営みの文化編

伝統行事

山鹿灯籠まつり

地域の特性

　熊本県は、九州地方の中部に位置する。北部は、筑肥山地（ちくひ）で区切られ、東部・南部には九州山地が広がる。東部には、阿蘇山とその広大なカルデラがあり、南部の球磨川に沿って人吉盆地・八代平野が開ける。西岸には、宇土半島が突き出し、その先に天草諸島がある。半島の北は、島原湾、南は八代海である。菊池川・白川・緑川が山地帯から流れ出し、下流に菊池平野・熊本平野を形成する。全体としては温暖であるが、夏と冬の気温差が大きく、とくに南東部の山間地は、冬の冷え込みが厳しい。降水量は多く、台風の時期などには水害が発生することもある。

　江戸時代には、熊本藩と人吉藩がこの地方を治めていた。熊本藩の加藤清正は、白川・菊池川・球磨川などの主な河川の治水工事・灌漑水路開設、海岸部の干拓などを行ない、広大な新田を開発した。

　平野部では農業が発達、とくに果物栽培が盛んである。雄大な自然を生して、阿蘇山地では放牧もみられる。沿岸では、ノリやクルマエビの養殖も盛んである。

行事・祭礼と芸能の特色

　神楽（かぐら）といえば、九州では宮崎県下のそれに注目が集まるが、熊本県下にも数多く分布をみる。長野の岩戸神楽・吉原の岩戸神楽（阿蘇郡）、中江の岩戸神楽（阿蘇市）、球磨神楽（人吉市・球磨郡）など。いずれも、阿蘇山地と人吉盆地に顕著で、大照大神（あまてらすおおかみ）が天岩屋戸（あめのいわと）に立て籠った神話にもとづいた「岩戸神楽」が中心に演じられる。また、山の神とか柴神（こも）とかの登場に特色がある。

　他に伝統的な民俗芸能として、菊池の松囃子（菊池市）、八代の古代踊（八代市）、山鹿の灯籠踊（山鹿市）などがある。

阿蘇神社の祭礼

田作神事と田実神事　田作神事は、阿蘇神社（阿蘇市）で、3月上巳の日から亥の日まで6夜7日間行なわれる神事。田遊びの一種である。

巳の日の夕方、摂社年禰神社（年の神）の神霊を神輿に移し、境内外の畑中に神幸して神事を行ない、その後、旧社家の家に渡御し、田作神事を行なう。これは、祭典ののち、祭員が神前で御飯をいただき、幣帛・折敷・榊・剣・弓・扇子などを採物に神楽舞を奉納するというもの。その夜はそこで過ごし、翌朝、同様の神事を行なった後、還幸。阿蘇神社本殿に入る。それを、このまつりの期間中6回行なう。7日目をまつり揚げといって、本社の拝殿で最後の田作神事を行なうのである。これは、溝浚え・鍬の柄配り・田打ち・牛使・鼻取・種蒔き・鳥追い・引苗・田植え・出穂など、1年間の農事のしだいを演じるもので、稲作の予祝行事に相違ない。また、種蒔きの演技に使われた籾は豊熟をもたらすとして、参拝者が持ち帰る。まつり揚げが終わると、年の神は年禰神社に戻り、田作神事の終了となる。この地方では、この神事が終わらないうちは農事をはじめない。また、婚儀も行なわないという習慣があった。

一方の田実神事は、9月25日（もとは8月15日）に阿蘇神社で行なわれる豊穣会（放生会）の神事である。新穀を献じて豊作を感謝するというもの。神霊を神輿に移して仮殿に神幸。新穀・神酒などの神饌を供え、神楽を奏し、直会を行なう。次いで、馬場で神職が行なう競馬、17番の氏子相撲、十数騎の流鏑馬式などが行なわれる。流鏑馬式では、流鏑馬式射手会の面々が烏帽子に直垂姿で馬にまたがり、140メートルの参道を疾走。3つの的めがけて馬上から次々に矢を放つ。流鏑馬式終了後、夕方、本社拝殿に還御する。なお、国造神社でも同様の農耕祭事が行なわれている。

火焚神事　阿蘇神社で8月19日から10月18日（もとは7月6日から9月8日）まで行なわれる火まつり。

8月19日、摂社霜神社の神が近くの天神の森（特別の聖地とされる）に神幸して、そこからさらに火焚殿に渡御する（木箱に納めた御神体の神幸・渡御）。神座の前で神官が火をおこして火焚きがはじまる。これを「乙女

入り神事」という。このときから10月16日までの59日間、火が焚き続けられるが、火の世話は、火焚乙女と呼ばれる少女が行なう。昔は、火焚きの間、乙女はこの敷地から出ることができなかったというが、いまは乙女が火の世話をするのは本祭の時だけで、ほかの日は地域の世話役が行なう。かつては、この火焚きの期間には、8町四方では喧嘩や大声も厳禁とされていた、という。

9月15日には、御神体を真綿でくるむ「温め入れ」が行なわれる。

10月16日、59日間焚き続けた火を落とす神事が行なわれる。これを「乙女上げ神事」という。そして、御神体は、火焚殿から天神の森を経て本社に還御する。翌17日は、中休みといっていっさいの神事を休む。

18日の夜から19日の朝にかけて「夜渡祭」が行なわれる。夜8時過ぎ、太鼓を先頭に7本の幣帛（御幣）を持った神官・火焚乙女・氏子の順で行列を組んで天神の森へ行く。ここで祭典を行なったのち神楽殿に戻る。行きは太鼓を鳴らさないが、帰りは太鼓を打ちながら帰る。神楽殿に着くと、その周りを時計回りに7回まわり、神楽殿に入る。そして、神楽殿の正面に幣帛を戻し、神楽がはじまる。神楽は、男性神職が舞う阿蘇古代神楽。御幣・榊・折敷・剣と採物を変えながら、回転、逆回転と動作を繰り返すところに古い巫舞を連想させる。この神楽を繰り返し朝まで、一人の神官が舞い続けるのである。

すべて終了すると、神官と乙女が水垢離をとる。禊がすむと、神官と乙女は、7本の幣帛の前に座り、神官が神楽歌を歌う。その後、神官が神楽に使った御幣で、一晩焚き続けられた火をならし小さくして、乙女と二人で火の回りを5回まわる。これを「火渡り」という。この後、7本の幣帛の前で神官と乙女が三献の儀（盃事）を執り行なう。これがすむと、天神の森に参ってまつりの終了となる。そして、焚き火の灰は、霜やけなどに効能があるとして参拝者が持ち帰る。

なお、阿蘇火焚神事は、昭和57（1982）年、阿蘇神社や国造神社のまつりとともに、「阿蘇の農耕祭事」として国の重要無形民俗文化財に指定された。

褌牟利奈賀志神事（眠り流し神事）　阿蘇神社で8月6日に行なわれる神事。全国的にみられる夏季の睡魔を払うための眠り流しの行事（主として七夕送り）が、神事として行なわれるようになったものである。

6日、摂社である霍原神社に祭典開始を報告するまつりを行ない、駕輿丁（青年）らが高張提灯を先頭に、本社の楼門前まで田植歌を歌いながら下る。ここで、下方から集まってくる駕輿丁と一緒になり、宮司の館へ行き、さらに田植歌を歌いながら下町まで下る。そして、引き返して本社拝殿前で歌い納める。この田植歌は、阿蘇神社の御田植神事などでも歌われるもので、田主の家ほめなどの内容が含まれている。

風宮祭　阿蘇神社の摂社である風の宮で、5月4日と8月4日（もとは旧暦4月と7月）に行なわれるまつり。風鎮祭ともいう。

　5月4日、神殿内の櫃のなかに、丸く握った赤飯をその年の月の数だけ竹の平笊にナラの葉を1枚ずつ敷いて並べ、その前方に神酒を入れた竹筒2箇供える。次の祭典（8月4日）までそのまま放置する。次の祭典でこれを撤するとき、握飯がくずれている年は風雨の害がある、といわれている。

　その後、神殿の左右に2本の幣帛を奉り、献饌と祝詞の後、2人の神職は、幣帛を捧げて並んで田の浜まで行き、そこから東西二手に分かれる。そして、約1里（約4キロ）ほど先にある国造神社の末社である風の宮に、その2本を奉幣するのである。

藤崎八幡宮の射去祭と馬祭

　射去祭は、藤崎八幡宮（熊本市）で正月9日に行なわれる。平将門征討祈願の日を記念したまつりといわれ、射的の行事が行なわれる。

　神前に、大弓・大矢と錦旗2流を掲げ、拝殿と楼門の間の庭に直径5尺5寸（約1.6メートル）の的を設ける。そして、弓太郎・弓次郎と呼ぶ2人の射手が2本（甲・乙の矢）ずつ射る。甲の矢は豊穣無窮、乙の矢は天下泰平の祈りをこめる、という。続いて、多数の射手が甲乙2矢で大的を射放つ。参詣者には、厄除けの矢形が授けられる。

　馬祭は、9月11日〜15日に行なわれる。14日が献幣祭で、獅子舞や太鼓打ちなどが奉納され、大名行列が町内を練り歩く。15日が神幸式。朝の神幸を朝随兵、夕方の還幸を夕随兵、という。神輿渡御に際しては、鎧武者や飾り馬などの供奉行列がある。飾り馬の後には若者が続き、「エーコロボシター」と掛け声をかけながら練り歩くので、ボシタボシタとかボシタ祭とも呼ばれている。

山鹿灯籠祭

　山鹿温泉にある大宮神社（山鹿市）で、8月15日から17日にかけて行なわれる山鹿市最大のまつり。

その起源には諸説ある。一説には、景行天皇が九州を巡幸しているとき、加茂の浦の湖（現・山鹿市内）で濃霧のため行く手を見失ってしまった。そのとき、地元の人びとが松明を灯して一行を大宮神社まで導いた。のちにその松明にちなんで灯籠が神社に奉納された、という。また、室町中期に山鹿の温泉が枯れてしまったとき、宥明法印（山鹿金剛乗寺の僧）が祈禱によって再び温泉を湧き出させた。この宥印法印の没後、その追善のために灯籠が奉納された、という説もある。

　このまつりでとくに注目されるのは、奉納灯籠と千人灯籠踊である。

　各町ごとに灯籠師に依頼してつくらせた灯籠は、15日、それぞれの街角に展示披露される。

　山鹿灯籠の特徴は、木や釘をいっさい用いず、すべて金・銀などの和紙だけを糊づけして組み立てて、金燈籠・社殿・塔・座敷・城閣などを本物そのままに精巧につくりあげることで、その技術は高く評価されている。

　展示を終えた灯籠は、17日の午前0時、各町から大宮神社まで、「ハイ、トウロウ、ハーイ、トウロウ」の掛け声にのせて運ばれる。これを「上がり灯籠」という。大宮神社に奉納された灯籠は、神前でお祓を受けて献灯されたのち、大宮公園に展示される。かつては、明け方近くの午前4時、神社から各町内へ灯籠を持ち帰る「下がり灯籠」が行なわれていたが、現在は、大宮公園に展示した後、灯籠は神社の灯籠殿に収蔵され、1年後に希望者にくじ引きで払い下げられるようになっている。

　灯籠踊は、15日の夜、大宮神社境内および参道などで、また、千人灯籠踊は、16日の夕方から夜遅くにかけて、山鹿小学校のグラウンドで行なわれる。頭上に金灯籠をのせた浴衣姿の女性千人が、民謡「よへほ節」の調べにのせて優雅に舞い踊る。暗闇に千の灯が浮かびゆれる光景は、幻想的である。

ハレの日の食事

　熊本県の代表料理として知られるのが、「からしレンコン」（レンコンの穴に辛子味噌を詰め、衣をつけて揚げたもの）。寛永9（1632）年、細川家菩提寺の玄宅和尚が、病弱な細川家3代藩主細川忠利のために考案した料理といわれる。いまでは名物となったが、もともとは歴代藩士が愛した門外不出の料理であった。

祝いの席に欠かせないのが、馬刺（ばさし）である。阿蘇山麓で育てた馬の赤身・たてがみの部分の白い脂肪層を薄く切り、ショウガのしぼり汁やタマネギ・ニンニク・サンショウなどの薬味を入れた醤油で食べる。

　「つぼん汁」（つぼ汁・つぼの汁）は、人吉盆地の秋まつりに豊作を祈って供える郷土料理。鶏肉やシイタケ、サトイモ、ゴボウ、ニンジン、コンニャク、豆腐、竹輪、かまぼこなどを入れた醤油仕立ての汁である。各家庭に伝わる「つぼ」（蓋付きの容器）を使うことから、この名がついた。

　阿蘇根子岳山麓一帯では、正月の祝い膳として、羊羹（ようかん）、すわりイワシ、雑煮（丸餅・サトイモ・エビ・京菜）、梅干し茶が用意される。また、雛まつりには、菱餅・甘酒・ちらしずし・うば貝の酢味噌あえなどが用意される。

寺社信仰

阿蘇神社

寺社信仰の特色

　熊本県は火国ともよばれ、その象徴は阿蘇山であるといわれる。その北麓に鎮座して阿蘇十二明神を祀る阿蘇市の阿蘇神社は肥後一宮、肥後国の鎮守と崇められた。古くは健磐竜命神社と阿蘇比咩神社の2座であり、ともに式内社で、阿蘇国造の速瓶玉命が父母の霊を祀ったのが始まりと伝える。

　速瓶玉命を祀り、阿蘇神社とともに風鎮祭や〈阿蘇の御田植〉‡、田実行事など〈阿蘇の農耕祭事〉†を伝承する阿蘇市の国造神社も、肥後国式内社4座の一つである。

　肥後二宮とされる甲佐町の甲佐神社は、健磐竜命の子と伝える八井耳玉命を祀り、宇城市の郡浦神社、熊本市の健軍神社とともに阿蘇三摂社と称される。

　阿蘇山では中世以降、修験道が盛んとなり、阿蘇市の天台宗阿蘇山西巌殿寺を中心に仏教文化が花開いた。日本三大楼門にあげられる阿蘇神社の楼門も仏閣様式である。

　修験道は県南でも栄え、米良三山の一つ、水上村の市房山では旧暦3月15日のタケンゴヤ（お嶽さん参り）が今も伝承されている。市房神社の別当の普門寺は廃れたが、跡地には生善院（猫寺）が建ち、参拝者を集める。

　肥後三宮は熊本市の藤崎八幡宮とされ、現在、県内で最も多くの初詣客を集めている。9月の例祭は熊本最大の祭で、昔は市民から「ボシタ」や「随兵」とよばれて親しまれた。

　日本三名城の一つ熊本城を築いた加藤清正は尾張の出身であるが、熊本藩の初代藩主となり、県民からは「清正公様」と親しまれている。国特別史跡「熊本城跡」には清正を祀る加藤神社が建ち、八代市の貝洲加藤神社など、各地に分霊が勧請された。墓所である本妙寺にも参拝者が絶えない。

凡例 †：国指定の重要無形／有形民俗文化財、‡：登録有形民俗文化財と記録作成等の措置を講ずべき無形の民俗文化財。また巡礼の霊場(札所)となっている場合は算用数字を用いて略記した

主な寺社信仰

野原八幡宮（のばらはちまんぐう）　荒尾市野原。野原荘（荒尾郷）の一宮・産土神で、神功皇后を主祭神とし、応神天皇と住吉大明神を配祀する。1247年、武蔵国入西郡小代郷の小代氏が野原荘の地頭となり、小岱山に城を構えて当宮を氏神として祀った。現在は小岱焼で知られる小岱山は、古代から須恵器や鉄の生産が盛んで、大宰府から薩摩まで広範に製品を供給していた。例祭は、昔は旧暦11月15日、今は10月15日に行われている。野原荘の西郷が節頭行事を奉納し、東郷が〈野原八幡宮風流〉‡を奉納する。1か月早く七五三を祝う祭でもある。節頭行事は収穫に感謝する国方（武家方）の神事で、節頭といわれる稚児を乗せた神馬を引いて行幸する。風流は悪魔を払う宮方の神事で、ドンデンヒャーとよばれ、獅子頭に見立てた笠をつけた稚児が笛の音に合わせて舞いながら太鼓を叩き、参道を練り歩く。

大宮神社（おおみや）　山鹿市山鹿。菊池川の中流、景行天皇が筑紫巡幸で行宮を営んだと伝える杉山の地に景行天皇を祀る。配祀の阿蘇十二神は菊池氏初代則隆が勧請したという。境内には八坂神社（祇園様）や高住神社（豊前坊天狗）、兎に乗る月弓尊、49基の猿田彦石碑などが鎮座する。6月15日の祇園祭は山鹿の初帷子（浴衣の着始め）で、無病息災の御守りである犬子瓢箪が授与される。8月15〜17日の祭礼は肥後三大夏祭の一つ「山鹿灯籠まつり」として全国的に知られている。15世紀に金剛乗寺の宥明法印を供養するために始めたと伝え、若い娘たちが紙でつくった金燈籠を頭に載せ、ヨヘホ節の踊りで練り歩き、千人燈籠踊りを奉納する。宮造り・座敷・鳥籠などを模った豪華で精巧な燈籠の奉納もあり、それらは境内にある燈籠殿の他、街中の「山鹿灯籠民芸館」でも展示されている。

菊池神社（きくち）　菊池市隈府。菊池城（隈府城／菊池本城／守山城）の本丸跡に鎮座。1870年、長岡（細川）護美の建白に基づき創建された。菊池氏12代の武時を筆頭に、その息子の13代武重、15代武光を主祭神とし、16代武政以下一族26柱を配祀する。1333年、武時は後醍醐天皇を奉じて鎌倉幕府を倒すべく挙兵し、鎮西探題で戦死したが、楠木正成からは「忠臣第一」と賞された。父の遺志を継いだ武重は肥後守に任

じられ、武光は後醍醐天皇の皇子・懐良親王を迎えて大宰府を攻略し、征西府を移して九州支配体勢を確立した。1920年、摂社の城山神社を創建し、蒙古襲来を撃破した10代武房と、桂庵玄樹を招いて文教を興した21代重朝を祀った。秋季大祭初日の10月13日には武光が始めたと伝える〈菊池の松囃子〉†が将軍木の前で奉納され、15日には菊池氏発祥の深川へ神幸がある。

小国両神社

小国町宮原。小国郷総鎮守。祖父阿蘇大神の命で小国郷を開拓した高橋大神と火宮大神の兄弟神と、その母である雨宮媛命を祀る。高橋神は神社の北東にある高橋山の神で、火神は地獄田の霊気、雨宮は小国の地主神といい、兄弟の父は阿蘇国造（速瓶玉命）と伝える。昔は境内に神護寺があった。例大祭は10月で、2基の神輿が南小国町市原の御仮屋と小国町宮原中央の御旅所を巡る。この神輿の下を潜ると縁起が良いという。拝殿や御仮屋では南小国町満願寺に伝わる〈吉原の岩戸神楽〉‡が奉納される。阿蘇郡にはこの他にも岩戸神楽が伝承されており、〈中江の岩戸神楽〉‡は阿蘇市波野の荻神社の祭で、〈長野岩戸神楽〉‡は南阿蘇村の長野阿蘇神社の祭で、それぞれ演じられている。いずれも出雲系の神楽で、豊後神楽を受け継いだものと考えられている。

健軍神社

熊本市東区健軍本町。肥後守の藤原法昌が阿蘇大神（健磐龍）を勧請し、皇城鎮護のため東向きに建つ阿蘇宮に対して、夷賊新羅鎮圧のため西向きに建て、健軍宮（十二社大明神）と称したのが始まりと伝える。阿蘇四社の一つで、阿蘇山登拝路の西の起点であった。昔は健宮や竹宮とよばれ、火（肥）国造の祖である健緒組を祀ったのが始まりとも伝え、竹宮村の産土神でもあった。1kmに及ぶ参道は八丁馬場（杉馬場）とよばれ、加藤清正が軍馬調練のために開鑿したという。境内の雨宮は水乞の神で、神水（水前寺江津湖公園付近）にあった霊石を祀ったものと伝える。8月の例祭「夏越まつり」では7日に〈肥後神楽〉が奉納される。当社の神楽は広く県北に100以上も分布する神楽の典型で、式神楽から地鎮ノ舞まで12座で構成される清楚で簡潔な趣の神楽である。

西岡神宮

宇土市神馬町。西岡台（宇土古城址）の南東に鎮座。城址を挟んで北西には〈椿原雨乞い太鼓踊り〉で知られる椿原八幡宮がある。一之宮に春日大神、二之宮に八幡大神、三之宮に住吉

大神を祀る。当初は春日・住吉の両社が勧請され、築城の際に八幡宮が添えられたという。三宮大明神や三宮社と称され、宇土の総鎮守として崇められた。小西行長によって焼かれたが、1601年に加藤清正が再興したという。10月19日の例大祭には〈宇土の御獅子舞〉が奉納される。1740年に井門大之丞（後の宇土5代藩主細川興文）が始めたと伝え、銅鑼と鉦の楽に合わせて雌雄2頭の獅子と唐人衣装に身を包んだ童子が戯れ、楽廻り、春眠、おきはな（空惚け）、楽の遊び、背比べ、玉拾い、合戦、千秋万歳と舞納める。獅子舞に付随して、牡丹花車を引いた稚児が華やかに町を練り歩く。

六嘉神社

嘉島町下六嘉。昔、阿蘇大神が阿蘇谷の湖を開拓したとき、主の鯰が当地へ流れ着き、それを移すのに六荷を要したことから六嘉とよばれるようになったという。上六嘉には足手荒神の総本社とされる甲斐神社が鎮座している。阿蘇大宮司23代の宇治宗延が領地に創祀したと伝え、昔は本殿が東西に2宇並立し、東には阿蘇神社の祭神12柱、西には甲佐神社の祭神12柱、拝殿には守護神として力神（手力男命）が祀ってあった。大祭は10月17日で、2011年までは〈六嘉の獅子舞〉が奉納されていた。現在は大祭翌週の土曜日に披露されている。出陣を表す出端に始まり、稚児と戯れるツリ、戦士と戦う棒使い、雌雄で交歓するモヤと続き、最後は棚上がりで、高さ20mの柱に登り、上から牡丹の花を投げる。

甲佐岳観音

美里町甲佐平。甲佐岳の8合目に建ち、亀甲山福城寺と号する。本尊は十一面観音で、肥後33-04であり、毎月18日に祈禱祭を営む。山頂に祀られた甲佐大明神（稚児の宮、吉見神社）の神宮寺として湛西上人が開創し、小松内大臣 平 重盛が中興したと伝え、重盛が奉納した宝剣と金湯呑が寺宝として残る。比叡山延暦寺の末で16坊を擁したが、小西行長の焼き討ちに遭い、当寺を残して廃絶した。1月18日の初観音大祭と3月上旬の山開きには国重文の釈迦如来像（鎌倉初期）が開帳され、4月初申日には山王社祭が営まれる。甲佐岳の南西麓には古閑に〈大蛇おどり〉が、名越谷に〈亀おどり〉が伝承されており、いずれも八代神社の亀蛇に類似しており、甲佐岳と妙見信仰との関わりを想起させる。

八代神社
やつしろじんじゃ

八代市妙見町。中国明州の妙見神（北辰太一神）が亀蛇に乗って海を渡り、八代の竹原津に鎮座したのが始まりという。その後、白木平を経て、八代市東町の三室山（横嶽）に社殿（妙見上宮）を創建したと伝える。後に現在地へ下宮を建立し、妙見菩薩を本尊とする白木山神宮寺の天台真言15坊が護持したと伝える。神仏分離で寺は廃され、天之御中主神と国常立尊を祀るようになった。11月の例大祭は九州三大祭に数えられ、〈八代妙見祭の神幸行事〉†が盛大に挙行される。華やかな笠鉾や大きな亀蛇（ガメ）を従えた神輿行列は1km以上に及び、10万人を超える人出がある。笠鉾は本蝶蕪・蘇鉄・西王母・猩々・蜜柑・恵比須・松・迦陵頻伽の8基で、高さ5mに及ぶ楼閣構造である。神幸は1632年に八代城へ入った細川忠興（三斎）が充実させたと伝えている。

諏訪神社
すわじんじゃ

天草市本町湯船原。1645年、天草の初代の代官に就任した鈴木重成が、島原全体の祈願所として、栖本城址の麓に創建した。重成は島原の乱で荒廃した民心を癒やすため、兄の鈴木正三の意見に従い、天草四ヶ本寺（湯船原の仏生山円性寺、天草市河浦町の崇円寺、同市本町新休の東向寺、苓北町志岐の国照寺）をはじめとする多くの寺院を創建したが、神社については当社と苓北町富岡の富岡神社（飛竜大権現）のみであった。重成を継いで代官となった重辰も天草の復興に尽力し、勇壮で絢爛豪華な〈栖本太鼓踊り〉の奉納を始めたと伝える。現在、重成・正三・重辰は天草の守り神として天草市本町本の鈴木神社に祀られている。太鼓踊は今も11月の例大祭に、獅子舞やトッタカトコセイ（立笠と台笠）、鳥毛行列、稚児行列、樽御輿などとともに披露されている。

佐敷諏訪神社
さしきすわじんじゃ

芦北町花岡。宮浦川と佐敷川の合流点に鎮座。昔は球磨郡へと至る人吉街道（佐敷道）の奥、葦北郡白木村に祀られていたが、1439年に人吉城主の相良前続が佐敷村字土迫の当地に遷して再興したという。赤ちゃん土俵入りがある4月の例祭には、今も白木地区から伝統食の蕨粉餅を奉献する民俗が伝わっている。これは白木元宮に鎮座していた諏訪大明神が蕨餅で命拾いしたとの伝説に基づく。白木地区は芦北町の山間部にあり、上原・岩屋川内・祝坂の各地区とともに〈八代・芦北の七夕綱〉‡を伝承している。8月6日の夜に長さ40m

ほどの藁綱を綯い、草鞋や足中、牛の沓、農作業の様子を表した人形、馬、七夕の文字、蛸などの藁細工を吊るし、集落を流れる天月川を挟んで張り渡すものである。綱は盆が終わるまで張っておき、8月16日夕方に外して天月川に流す。

青井阿蘇神社

人吉市上青井町。阿蘇三社（健磐龍命神社・阿蘇比咩神社・国造神社）の分霊を勧請したのが始まりと伝え、1198年に遠江国相良荘から人吉荘に入った相良氏初代長頼が崇拝して以降、球磨郡の総社とされた。10月に営まれる例祭（おくんち祭）には〈球磨神楽〉[†]が奉納されるが、これは球磨地方の神社祭礼で奉納される神楽で、当社が伝承の中心となっており、すでに1472年には相良為続が雨乞祈願で奏させている。10月8日の当社奉納を皮切りに各社で舞われ、12月15日の市房神社（水上村湯山）例祭で舞納めとなるが、ヤツジメの天井飾りと雪舟から紙吹雪を散らす演目「三笠」を伝えるのは当社のみである。2008年、人吉藩初代藩主相良長毎と重臣相良清兵衛（犬童頼兄）の発起で1610〜13年に建立された本殿・廊・幣殿・拝殿・楼門は県内初の国宝に指定された。

伝統工芸

山鹿灯篭

地域の特性

　熊本県には、北部の阿蘇山・菊池川流域と、南部の人吉盆地・球磨川流域、天草諸島の3地域がある。江戸時代には、各地域に熊本藩、人吉藩、天草天領（幕府の直轄地）が置かれていた。

　阿蘇山は、活火山である。噴火の後の巨大なくぼ地、カルデラの中では、1000年以上にわたり、野焼きによって草原を守りながら牧畜が行われてきた。阿蘇山に源のある菊池川流域は、コウゾの栽培が盛んで、上質な和紙が漉かれるようになった。

　球磨川は、最上川（山形県）、富士川（長野県、山梨県、静岡県）と並ぶ日本三大急流の一つであり、ケヤキやクスを始め豊富な木材に恵まれ、木工業や山仕事に使う刃物の製造が発達した。

　天草では、天草陶石が産出されている。その産出量は、日本の磁器原料の約8割にあたる。天草陶石や地元の陶土によるやきものづくりも行われている。

　地元の樹木や陶石などの自然資源と、工夫を重ねた技術とが、熊本県の伝統工芸を発展させてきた。火山や急流、海と島など変化に富んだ自然景観と、金色の和紙灯籠や、真紅のツバキの花が咲く小箱など、ほかでは見ることのできない工芸品と出会うことも熊本県の旅の魅力である。

伝統工芸の特徴とその由来

　熊本、長崎、佐賀の3県は、古代、火君と呼ばれる豪族の国「火国（肥国）」であったが、天武天皇の頃（在位673〜86年）に、現在の熊本県の地域は肥後国とされた。山々は森林に覆われ、豊富な樹木を用いて、13世紀頃に球磨川上流の五家荘で、平家の落人が始めたといわれる木工芸がある。天然木を材料として色鮮やかに彩られた「きじ馬」「花手箱」「羽子板」な

どである。大胆かつ雅な筆遣いは美しく力強い。球磨川沿いの人吉では、森林の手入れに必要な刃物づくりが発展し、刃物で木材を加工する挽物などの木工芸も盛んになった。

16世紀末の文禄・慶長の役の際には、細川氏が連れてきた朝鮮の陶工を原点とする小代焼が開かれ、江戸時代には、豊富な原料をもとに天草の村でも陶業が起こり、天草陶磁器につながっている。熊本城下では、細川氏お抱えの名工によって肥後象がんに数多くの名品がつくり出された。

菊池川流域は、和紙の生産が発達し、全国でも貴重な和紙の伝統工芸である山鹿灯籠の技法が受け継がれている。

熊本城近くの熊本県伝統工芸館や川尻にある熊本市くまもと工芸会館には、驚くほど多種多様な熊本の伝統工芸が展示されており、熊本県の伝統工芸全般を学ぶことができる。

知っておきたい主な伝統工芸品

肥後象がん （熊本市）

肥後象がんは、漆黒の地に金銀の文様がデザインされたブローチやカフスなど気品や風格のある工芸品で、現代でも多くの人を魅了する。当初は火縄銃の銃身や刀のつばなど武具の装飾として、武士が個性を競った戦国時代から江戸時代に象嵌技法が発達した。1632（寛永9）年、細川忠利が肥後藩主として熊本城に入国すると、鉄砲鍛冶の林又七が召し抱えられる。又七は、「透かし」と「布目象がん」の技法を集大成し、独自の世界を生み出し、肥後金工で象嵌・透かしの開祖となる。そのほか、平田、西垣、志水派が藩のお抱え工として技を競い合い、後世に残る名品をつくる。当時、独特の象嵌を施した刀のつば、縁頭などに色彩豊かな塗鞘を組み合わせた「肥後拵え」を身に帯びることは、肥後細川家の武士にとっては最高のおしゃれ、ダンディズムでもあった。

そのデザインは、忠利の父、細川三斎（忠興）の指導に負うことが多かった。すでに隠居していた三斎は若いときに、地味な中にも重厚さと高い精神性をもつ千利休の茶の世界に魅せられ、利休のもとで侘び茶の美を学び、感覚を磨いており、文人・茶人として名を馳せていた。三斎みずからつくったといわれる肥後つばや拵えは、渋く落ち着いて、しかも飾ることのない機能美があるといわれる。

明治維新後、廃刀令によって多くの金工師が転廃業に追い込まれるが、残された一部の職人が、煙草入れや帯留などの装身具、飾り置物や文房具などに象嵌技術を活かした。さらに第二次世界大戦下での統制で、材料の入手が困難になり存続の危機を迎えるが、米光太平は叔父の田辺家3代目、田辺吉太郎に学び、1965（昭和40）年には肥後象嵌製作保持者として国の重要無形文化財（人間国宝）に認定された。田辺家5代目を継いだ田辺恒雄も同様に、1974（昭和49）年に熊本県の重要無形文化財に認定された。現在活躍中の肥後象嵌師の多くがこの二人の指導を受け、後継者育成と技術継承に努めている。

　技法は大別すると「布目象がん」と「彫込象がん」があるが、現代では主に前者が用いられている。鏨で地鉄に縦横斜めに布目状の溝を入れ、その上に金銀を打ち込み、不要な布目を消し、錆出し液を塗って錆出しした後、日本茶（タンニン）で煮出して錆を止め、地鉄を美しい黒色にする。

山鹿灯籠（山鹿市）

　山鹿灯籠は、毎年8月15〜16日に行われる「山鹿灯籠まつり」に舞う女性たちが頭上につける金灯籠である。金属にしか見えないが、和紙と糊だけでつくられている。同じ和紙の技により、神殿づくり、座敷づくり、城づくりなどさまざまな建築を独自の縮尺で拵えた灯籠もある。

　「山鹿灯籠まつり」は、霧に難儀していた景行天皇を、山鹿の人々が松明を掲げて迎えたという伝説に由来する。人々は、景行天皇を祀る大宮神社に松明を献上するようになったが、室町時代頃から、松明を灯籠に代えたといわれている。

　「骨なし灯籠」といわれる山鹿灯籠には、骨となる竹などが入れられていない。手漉き和紙を折って糊付けした柱や垂木などの部材を組み合わせて制作する。明治時代に、技法を集大成した希代の灯籠師松本清記が、後継者育成にも力を尽くし、今日の灯籠師たちの紙技につながっている。

　山鹿は、平安時代に、武将が湯に浸かる傷ついた鹿を見て発見したとされる温泉があり、肥後（熊本市）から小倉（北九州）に通じる「豊前街道」の宿場町としても栄えた。また、菊池川を利用した物流の拠点でもあり、「旦那衆」と呼ばれる実業家を中心に、盛んであったコウゾ栽培と紙漉きを活かした和紙灯籠などの独自の文化が築かれたようである。

　山鹿には、市民の力で修復された明治時代の芝居小屋「八千代座」があ

る。歌舞伎役者が舞った瞬間、何物にも代えがたい感動に包まれたという小屋の復元は、風情ある湯屋建築再建のきっかけとなった。再建に必要な設計図の代役を果たしたのは、湯屋を縮小した山鹿灯籠である。

小代焼 (小岱焼)（荒尾市ほか）

「力強く飽きがこない」といわれる小代焼は、色合いにより、白小代、青小代、黄小代、飴小代などと呼ばれる。小代焼では、鉄分を多く含む陶土を1300℃近くの高温で焼く。釉薬は、藁、ササ、カヤなどの灰と、カシ、スギ、マツなどの灰、粉砕した長石、鬼板（鉄を含む鉱石）などを配合してつくる。釉薬の成分と、窯の焚き加減や器物の種類、置く場所などにより色合いの違いが生じる。どれもこの世に一つしかない作品である。

釉薬の掛け方にも特徴がある。下地の釉薬を掛けた上に、柄杓に取った別の釉薬を打ち掛ける二重掛け、「打ち掛け流し」は、400年来の伝統技法である。熟練のつくり手でも思うようにはいかない、奥の深い技だ。流し掛けの技法を得意とした、益子焼の人間国宝濱田庄司は小代焼の技法を参考にしたといわれている。白小代は、日本民藝館長の柳宗理に「雪の降ったような白」と絶賛された。

小代焼（小岱焼）という名称には、鎌倉武士がかかわっている。武蔵国比企郡小代郷を本貫地とする小代氏が、肥後国玉名郡野原荘の地頭職に就き、蒙古襲来に備えて現在の荒尾市に山城を築いた。この城のある山の名が小代山（現・小岱山）である。

1632（寛永9）年、細川家が豊前から肥後へ転封の際伴った上野焼の陶工牝小路源七と葛城八左衛門が、小代山の麓に陶土を発見して窯を開いた。当初は肥後藩窯として茶道具などを焼き、やがて、甕や徳利など、暮らしの道具もつくられるようになった。

天草陶磁器 (天草郡苓北町)

天草陶磁器には、白く輝く磁器も、温もりのある陶器もある。江戸時代から、地元の陶石や陶土で多様なやきものがつくられ、現在も、窯元それぞれが時代に合わせたやきものづくりをしている。

江戸時代、天草は天領で藩窯はなく、村の庄屋が陶石ややきものを扱っていた。天草陶石は、砥石として売り出されたが、その後、磁器原料として佐賀、長崎、そして全国へと販路を拡大した。

1676（延宝4）年、磁器の内田皿山焼が開窯し、1762（宝暦12）年に肥前

の陶工を呼び寄せて、高浜焼の磁器が始まった。1765（明和2）年に陶器の水の平焼が始まり、1845（弘化2）年金澤家が丸尾焼を始めた。

　1771（明和8）年、偉才平賀源内は、天草陶石が天下の上物で、海外向けの高級陶磁器の振興は国益になると代官に提案したが、採用されなかった。1804（文化元）年（または1806（文化3）年）、瀬戸の加藤民吉が、高浜焼当主上田宜珍に技術を学び、尾張に戻り瀬戸焼を隆盛へ導いている。天草陶磁器は瀬戸染付焼の恩人といわれる由縁である。天草五橋を渡り、熊本県を代表する維和島の地鶏、天草大王や車海老を味わい、夕景を追う旅に、天草陶磁器を訪ねる楽しみもある。

人吉球磨刃物（人吉市）

　人吉球磨刃物の特徴は、鋭い切れ味を生み出す技法、「割り込み鍛造」にある。熱して赤くなった軟鉄の地金に切れ目を入れ、炭素鋼を差し込み、ハンマーで打ち、地金と鋼を一体化する。冷ましたり、叩いたり、研いだり、技を尽くして刃物に仕上げる。鉈や鎌、鍬、包丁に、アウトドア用のナイフなどがつくられている。林業の盛んなこの地でつくられる造林鎌は特に有名で、海外からも発注があり、各地域植生に適した鎌を納品している。

　1193（建久4）年、肥後国球磨郡多良木荘に入った相良氏は、その後人吉荘に出て地頭職から人吉藩主となり、約700年間この地を治めた。相良氏が、遠江国相良荘（静岡県）からもち込んだ刀鍛冶と、肥後の野鍛冶との交流が独特な技術を生んだとされている。

　人吉だけに限らないが、正月2日の朝は打ち初めで、鎌と槍と鍵を打ち神棚に供える。鎌は農民、槍は武士、鍵は商工人を表すとされ、世の中を鍛冶が支えているという心意気がうかがえる。毎年つくられる打ち初めは、工房で日々の鍛冶仕事を見守っている。

人吉挽物（人吉市）

　人吉挽物は、ケヤキやクワなどの丸太で最低5年は寝かせ、荒ぐり（大まかな成型）をして2、3年しっかり乾燥させた木材を用いる。轆轤に固定し、器の外側と内側と2段階に分けて刃物を当てて挽く。丸鉋を当てて削ると、丸い形の椀や皿、鉢、茶筒などが出現する。漆を摺り込み、木目の際立つ艶のある挽物が誕生する。

　熊本県南部の人吉市は、宮崎県と鹿児島県に境界を接する、九州山地に囲まれた盆地にあり、約7割は山林である。日本三大急流の一つの球磨川

が東西に流れ、寒暖の差が激しい盆地はしばしば霧で満たされる。

　挽物は使うことで育つ。木目と艶が趣を増し、手放せないものとなる。人吉挽物の茶筒から、球磨川の霧が育てる茶を出して、天草陶磁器の湯呑で味わえば、清流のような爽やかな香りに会えるかもしれない。

　人吉は、鎌倉時代に地方豪族を平定した相良氏が明治維新まで約700年統治し、「九州の小京都」といわれる城下町である。豊富な山林に、人吉球磨刃物を利用した林業や木工業が発達した。指物や欄間、挽物、曲物や桶・樽、きじ馬・花手箱などその成果は多彩である。

民　話

地域の特徴

　「肥後国風土記」逸文「肥後国号」によると、崇神天皇の世に土蜘蛛という不服従の勢力を征服した夜、空から火が降りてきたので朝廷に報告すると、「火の国と名づくべし」と　詔　があったという。肥国の始まりを伝える説話である。熊本県は東部に「火の国」のシンボルでもある阿蘇山をはじめとした九州脊梁の連峰が続き、そこを源流とする白川や緑川が有明海に、また南部の人吉盆地を流れてくる球磨川が西海の八代湾へと注ぐ。気候は阿蘇や球磨の高原台地は寒暖差の激しい山地型気候、熊本市や菊池市などの内陸型気候、天草や葦北の西海型気候の三つに分かれる。

　古代の肥後は「大国」の等級が与えられるほど、経済力や政治力の強い国であった。中世には勢力を握る菊池氏や阿蘇氏、木原氏などの武士団がいて争闘を繰り返すが、秀吉の九州統一後は加藤清正が肥後国を支配する。その後、一族の内紛の末、加藤氏に代わって細川忠利が治めることになる。近世には熊本藩と人吉藩、天草藩（天領）とに分かれて近代をむかえる。天草が天領となったのは、近世の初めに起こったキリシタンの反乱「天草・島原の乱」にもとづく判断とされる。

　近代の熊本県における最大の汚点は、日本窒素株式会社による「水俣病」の発生である。海への排水に含まれる有機水銀が魚を通して人体に摂取され、甚大な被害を受けた。「公害」と認定された水俣病は、人命を軽視し営利追求する資本主義の企業論理が厳しく問われた社会問題であった。

民話の伝承と特徴

　熊本県の昔話、伝説研究の淵源は、菊池市生まれで第五高等学校（後の熊本大学）でも教鞭を執った高木敏雄にあるといえる。高木は直接に熊本と関わる研究、資料等の公刊はないが、1913年に『日本伝説集』、16年に『童

話の研究』を出版し、また13年には柳田國男と協力編集の『郷土研究』を創刊する。日本の口承文芸研究の黎明期に、高木は重要な位置にいてその役割を果たしている。また、1935年に柳田が刊行した雑誌『昔話研究』には、熊本県から多くの投稿がある。こうした投稿の背景には昔話と関係の深い土壌があったことを示している。

『昔話研究』に資料を提供した人物に丸山學（球磨・鹿本郡、天草島などの資料投稿）や能田太郎（玉名郡）、八木三二（阿蘇郡）、坂本久之進（葦北郡）、野口正義（飽託郡）らがいて、その報告は県内全域にまたがる。このうち丸山は資料報告の他に、昔話にかかわる論文も載せるなど、研究への積極的な姿勢を示す。なお、『昔話研究』に投稿はしなかったが、文化活動の推進にかかわる荒木精之は『肥後民話集』『続・肥後民話集』『肥後の民話』の昔話集を出版し、また、放送作家の木村祐章も『肥後昔話集』を出す。木村の没後、遺された資料を『肥後の笑話』として子息の木村史彦が発刊した。

この他に、早く『天草島民俗誌』を著した浜田隆一がおり、その浜田には『天草島昔噺五十扁』があるというが、筆者は管見にして見ていない。また、天草に生まれた浜名志松は『天草の民話』の他、『肥後の昔話』を共編で出版する。このように、熊本県の昔話や伝説、世間話の調査は早くから多くの手によって進められ、貴重な伝承資料が後世に残されることとなった。

『肥後の昔話』の「解説」によると昔話の呼称は「むかし話」、発句は「むかしむかし、その昔」、結句は「そってしまい」「そるばっかり」など、地域により多少の違いがみられる。また、阿蘇では大話を「ぞうたん話」と言うと述べる。これは中世の無住が著した『雑談集』を「ぞうたん」と発音するのと一緒であり、興味深い。丸山學、木村祐章は熊本県の昔話は笑話化、破壊が目立つと指摘するが、全国的に見ればそうとも言いきれない。南国的な風土の影響もあり、楽天的で明るい内容が特徴といえる。

おもな民話（昔話）

猿とがにゃの餅争い

あっ所え、猿さんとがにゃ（蟹）さんとおらしたですたい。で、今日どま（たまたま今日）、二人あ連れで出よゝち（出かけて）、「お前と、餅ちいち（搗いて）食おう

じゃにゃあか」て言わしたですたい。そいから、「そらあよかろう」て、賛成さしたでじょん。ほいから猿さんが、「ほらなあ、お前がはさみば持っとるけんでそのはさみ足で山さん行って、木ば切って来んのい。そすと、おる（おれ）が米ばこけう（ここで）むしゅるけん（蒸すから）行ってきなはい」。

その間に猿は餅を搗いて袋に入れ、小さい餅だけ蟹の分として竈に置き、袋を持って木に登る。戻った蟹が、竈の鼻を引っ掛けた餅ではないものを欲しがるが、猿は上げない。すると蟹は、袋の餅を枯れ枝に引っ掛け振ると美味しくなると言う。猿が枯れ枝に袋を掛けると折れて落ちる。蟹はその袋を穴に運び、猿が餅をねだるが上げない。腹を立てた猿が穴に糞を垂れるが、蟹はその尻を挟み、血が出て猿の尻が赤くなったという。

「猿と蟹の寄合餅」の話型である。東日本では臼の餅を山から転がす「餅競争」のタイプとなるが、九州では「枯枝の餅」タイプのものが多い。「猿蟹柿合戦」でも、猿が柿を袋に入れ枯枝に掛けて落とすタイプのものが、熊本県はじめ九州に見られる。中国や台湾の「猿蟹合戦」のうち、集団で猿に制裁を加えるのではなく、単独で蟹が猿に挑むものと、このタイプは共通する。大陸と隣接する九州の地域性の問題として興味深い。

彦一のがらっぱ釣り

八代の殿さまは彦一がお気に入りで、城に呼ばれた彦一ががらっぱ（河童）釣りのことを話すと、殿さまは興味を示す。そこで二人は餌の塩鯨5斤（3kg）ずつ持って釣りに出かけ、餌を川に入れるが食いつかない。殿さまがなかなか食いつかないなあ、と声を掛けると、しもた、餌を取られたと言って、塩鯨を袋に隠し込む。そして、河童釣りは声を出しちゃならぬと殿さまを叱る。

しばらくすると、また殿さんが声を掛けると、また餌を取られたとたしなめ、すばやく塩鯨を袋に入れる。この繰り返しに退屈した殿さまが城に戻ると言うので、殿さまの餌も貰い、彦一は10斤近くの塩鯨をお土産に持ち帰る。今日は「殿さんを騙して、殿さんを釣ってきた」と言って塩鯨を渡すと、嫁ごは大喜びであった。

『肥後の昔話』に載る「河童釣」である。八代市出町は彦一の住んでいた場所とされ、市内の真宗本願寺派の光徳寺に彦一の位牌があるという。この彦一の「がらっぱ釣り」を、木下順二が民話劇「彦市ばなし」に仕立てた。木下は熊本市出身で、実家は祖父の代まで惣庄屋を務めた名家で、

第五高等学校（後の熊本大学）を出て、帝国大学に進んでいる。戦後まもなく劇作家として出発する際に、子どもの頃から馴染んでいた熊本の昔話を題材としたことは、熊本と民話の関係を考える上で興味深い問題である。

子を殺してその胃袋を割いて見せた武士の話

細川氏が転封で肥後に来た頃、それまで加藤家の重臣として仕えていた武士が辞め、貧乏浪人となり娘一人とひっそりと暮していた。その頃、浪人の住む地域で、たびたび百姓の米や麦が盗まれることが起こった。村人たちは浪人を怪しみ、竹槍などを手に浪人のもとへ押し掛ける。村人たちの追及に浪人は真摯（しんし）に説明するが、誰も耳を傾けようとしない。意を決した浪人は、娘の腹を裂いて見せると、そこには一粒の米や麦もなかった。村人たちは自分たちの軽はずみな行動を反省し、その後はこの高潔な浪人を手厚く世話をしたという。

荒木精之『肥後民話集』に載る話で、「赤米の悲劇」という昔話である。小豆盗みの話題のさなか、娘が「赤い飯」を食べたという言葉がきっかけで、その親に嫌疑が掛けられる。追い詰められた親が子の腹を裂くと小豆は出てこない。赤い飯とは小豆飯ではなく、海老飯や焦げ飯、かて飯（混ぜ飯）などさまざまである。言葉の齟齬（そご）が引き起こす悲劇である。

熊本の昔話では、県民に今も人気の高い加藤清正の家臣の話となっているが、歴史的事実とはいえない。テーマ性の濃い昔話で、全国的に分布するからである。ただ落ちぶれた武士の悲劇という設定では、江戸の18世紀初めの『本朝諸子百家記』に、君塚三郎左衛門の武士の出来事とする話があるので、そうした影響によるのかもしれない。

昔話の中に、子を殺した親が西国巡礼に出かける道すがら、「五つの罪はよもあらず六波羅堂へ参る身なれば」と唱えて回ったという例がある（「小県郡昔話集」「伊យ昔話集」）。これは西国三十三所第十七番札所「六波羅蜜寺（ろくはらみつじ）」の御詠歌（ごえいか）であり、庶民の札所巡りの旅や説経僧（ふだしょめぐ）の関与が考えられる。

おもな民話（伝説）

木原山に何故（なぜ）九十九も谷があるかの話

昔、鎮西八郎為朝（ためとも）という豪勇無双の武士が、木原山に本拠地を置いていた。為朝は弓の名人で、この山を飛ぶ雁をことごとく

射落としたので、雁がこの山を避けて飛ぶようになった。そのために木原山を別名雁回山と呼ぶようになったという。

　その為朝が木原山に城を築いた時、一匹の鬼が献身的に働いた。為朝はその労をねぎらい褒美を与えることにした。すると、鬼は人が食いたいと言うので、あわてた為朝は一計を案じ、一夜で百谷を造るなら叶えてあげると言った。喜んだ鬼は百谷造成に取りかかり、夜明け近くに九十九谷まで完了した。驚いた為朝は、「バッチョ傘（向きが逆に開いた傘）を手に取ると、鶏の羽ばたきの真似をしてコケコッコオー」と鳴くと、鬼は夜が明けた思い、谷造りをやめたという。木原山九十九谷のいわれである。

　『肥後民話集』に載る為朝伝説である。豊後の為朝は乱暴者と恐れられ、父の為義によって鎮西へ追下され、「十三の時より豊後国に居住して、阿蘇平四郎忠景」が聟になって「九国の惣追捕使」を号したと『保元物語』にあるが、木原山に居たという歴史的事実はない。雁回山の為朝伝説は、当時ここを拠点にして争乱を起こした木原広実が背景になっているとされる（『熊本県の歴史』）。

　「木原山九十九谷」伝説は、全国各地に伝承される「九十九伝説」のタイプで、もう一つ足りず未完成に終ったとするもので、地形の形状や遺跡にまつわる例が多い。弘法大師などの偉人と、土着の勢力である鬼やアマノジャクといった抵抗勢力との対立の構図で展開する内容が多い。

尾藤金じゃあどん

　昔、肥後ん細川さんの家来に、尾藤金左エ門ちう器量人のおらしたげな。ところが、この人が江戸詰の時、切腹してお詫びせにゃんごたる事ば仕出来した。どこかの藩の者に「肥後は五十四万石」て、うっかり口をば滑らせちしもた。はっと思ったが間に合わん。昔ゃ、家来の身分で、殿さんの禄高ば口に出す事はご法度だったげもんな。

　そっで金じゃあどんな切腹せにゃんごつにったが、殿さんの「金じゃあは惜しか人物。生かせちゃれ」て言いなはった。鶴の一声、金じゃあどんな助かったが、犯した罪は消えん。金じゃあどんな、ポンと膝は叩いたが最後、気違いになってしもうた。なんの、ニセ気違いたい。そぎゃんせんと、罪の消えんもん。そして金じゃあどんな、そのあと何十年、死ぬまじ、気違いのふりばしとらした。

　『肥後の笑話』に載る話で、このあと気違いの振りの金左エ門の素行を

伝えて、歌詠みの例が取り上げられる。ある歌詠みの会で、「冬の日に、障子のホゲ（穴）から小便すれば提灯の如く、チンポ縮みにけり」と金左エ門が詠むと、字数が多すぎると言われる。そこで「冬の日に、しょじのホゲからショベすればチョチの如くに、チポ縮みけり」と改める。他にも俳句に「野雪隠、めめじょこそぐる、ふうぞ花」「ああ寒さ、早く出て失せ、ゲタ五郎奴」などがあるという。

死線を越えて生きた金左エ門の半生がどのようなものであったのか。気違いの振りを通したのか、本当の気違いであったのか、生きるに値したのかなどなど、想像するに余りある。しかし、「鶴の一声」で命を左右される、身分社会とはいったい何なのか、深く考えてみる必要がある。

おもな民話（世間話）

河童の話

河童は春分から秋分までは水の中に居て、秋分から春分までは寒い間山に行く。春分から秋分までの暑い間は河の中に居て、盛んに活動するので、河の水が濁る。山に居る時には「クロキの木」の根にいる（迫頭才次郎氏）。

昔、ある所に郵便配達が海水浴をしている所へ、河童が現れて、「この小包を送ってくれ、そうするとお前の尻はとらないから」と言うので、その小包を受け取った。そして受け取り人の名前をよく見ると、「島原の河童の大将」とあり、「人の尻を干した数が九十九、配達人の尻で百」と記してあった。配達人はそれを先方に届けず、自分の家に持って帰った。それからまた四、五日経って海水浴をしていると、先日の河童が来て、その尻を取ってしまった（本田円作君談話）。

浜田隆一『天草島民俗誌』から引用した。同書の「河童雑記」「河童記事」には、河童の悪戯や生態、防御策など六十数話収録されている。著者が関心を持って集めたものらしく、海辺の河童伝承がおもしろい。

前者は季節により海と山とを移動する河童の話。クロキはハイノキ科の常緑高木で、南関東以南の暖地に生える。後者は昔話「沼神の手紙」の話型で、配達者の命を取れと書いてあるのを、宝物を与えよと書き替えるといった内容で伝承されている。河童が水の主に近い存在として信じられる文化的環境においては、沼神が河童に移行して語られる。旧約聖書にある「ウリヤの手紙」と同じモチーフ。

油すまし

地域の特徴

　熊本県は九州の中央部に位置する。九州山地が南北に走り、西部は有明海・不知火海に面し、天草諸島が連なる。県南部を東西に球磨川が流れる。

　中世には阿蘇氏や菊池氏、相良氏が勢力を拡大した。近世には熊本藩と、県南の人吉盆地を中心とする相良藩、天領の天草とに分かれた。国内最大級のカルデラが広がる阿蘇地域には、阿蘇神話の主人公である健磐龍命（たけいわたつのみこと）（火山神・農業神）を祀る阿蘇神社や、阿蘇山修験道の拠点としての歴史をもつ西巌殿寺（さいがんでんじ）（天台宗）がある。阿蘇から熊本市内を通り有明海へ注ぐ白川（しらかわ）流域には、熊本藩初代藩主であり「土木の神様」として信仰を集める加藤清正（地元では親しみを込め「清正公さん」（せいしょこさん）とよばれる）ゆかりのさまざまな水利遺構・伝承がみられる。天草ではかくれキリシタンや天草四郎の伝承が多い。

　熊本の県民性を表す言葉として、頑固だが強い正義感をもつ意味の「肥後もっこす」、新しもの好きを意味する「わさもん」などが知られている。

伝承の特徴

　一般に熊本を代表する妖怪としては、不知火（しらぬい）、油すまし、アマビエなどが知られている。八代海に浮かぶ怪火である不知火は、景行天皇巡幸（けいこうじゅんこう）の伝説と結びついて「日本書紀」などに記されている。天草の油すましは、柳田國男『妖怪談義』（1956年）で紹介されたことで有名である。アマビエは、1846（弘化3）年に肥後国の海中に出現し作柄や疫病の予言をした妖怪で、くちばし、鱗をもつ三本足の姿で図示され、瓦版を通して当時の人々に知られた点は、他所でのアマビコ（尼彦）などと共通している。

　県内各地の伝承をみると、ガーッパ（河童）の報告例が多く、県北の菊池市には水神信仰の伝播に関わった天地元水神社（てんちもとみず）がある。八代市は中国から日本への河童の上陸地との伝承があり、1954（昭和29）年建立の「河

童渡来之碑」が有名である。県南の葦北郡から球磨郡にかけてはヤマワロ、ヤマンタロウ、セコなどの去来伝承が濃厚にみられる。

油すまし　柳田國男『妖怪談義』で紹介されているアブラスマシの、原典での名称は「油ずまし」である。天草で老婆が孫に「昔ここに油ずましが出たそうだ」と語ると「今も出るぞ」と言ってその姿を現したという（『天草島民俗誌』）。栖本町（現・天草市）には「油すましどん」という地蔵尊が祀られており、7月24日が祭日となっているが、この伝承との関連は不明である。土地の言葉で「油すまし」は油の原料である菜種や椿の実から油を搾り出すこと。「どん」は敬称である（『栖本町誌』）。

ウグメ　天草で一般に船幽霊のことをウグメとよぶ。船が難破して死んだ人々の幽霊で、真っ暗な海上で、ウグメが出る所だけが薄明るくなり、何十人と群がって出て「あか取りの柄杓を貸してくれ」と言ってくるので、底を抜いた柄杓を渡さないと船が沈められてしまう。ウグメはウブメが訛った語だとも説かれる（『熊本県民俗事典』）。

うそ越　昔、一町田村益田（現・天草市河浦町）の「うそ越」という所を二人の旅人が通りかかった際、「昔ここに血のついた人間の手が落ちて来たそうだ」と話すと、「今も一」と声がして血のついた手が坂を転び落ちて来た。驚いた二人が、少し行った所で「ここには生首が落ちて来たそうだ」と話すと「今ああ……も」と声がして生首が転げ落ちてきたという（『天草島民俗誌』）。油すましの伝承とよく似た内容である。

ウブメ　一部で「ウグメ」という呼称もみられる。明治の初め、ある人が夜遅くに阿蘇郡白水村（現・南阿蘇村）吉田の墓所を通ると、女が近づいてきて「子を抱いてくれ」と頼まれたが、かねてウブメが出る場所と聞いていたので走り逃げた。ウブメは履物にかかる癖があるので、ウブメが来ると思ったら履物の緒を切って抱くのを断ったらよいという（『熊本県民俗事典』）。上益城郡益城町では、緋の袴をはいた白衣の神女の姿で現れ、「ウブメの子、抱かしゅ」といって泣きすがるという（『益城町史　史料・民俗編』）。鹿本町（現・山鹿市）でも「ウグメん子ば、抱かしゅ」と言いながら墓所に出現するという（『鹿本町史』）。

大きな足　昔、御領と佐伊津（ともに現・天草市）の境にある松の木によく大きな足が下がった。その足を見た者が、帰りがけに出会った相手に「今そこの木で恐ろしい大足を見た」と話すと、相手が「これくらい大きかったか」と自分の足を見せつけて正体を示し、再度脅かされるという話例が多い（『天草島民俗誌』）。

河童　熊本ではガーッパ、ガラッパなどとよぶ地域が多い。八代郡日奈久町（現・八代市日奈久）では、昔神社を建てるときに人手が足りず、殿様が藁人形をつくって仕事をさせたものがガワッパの始まりになったという起源譚がある（『熊本県民俗事典』）。天草の姫戸や龍ヶ岳（ともに現・上天草市）などの集落で祀られるシブヤサンは、河童の神様・海神として近隣の信仰を集めているが、この名称は菊池市原にある天地元水神社の神官で、九州各地に水神信仰を広めた渋江家の関与が推測される。

重箱婆　大正から昭和初期にかけて、県内各所に重箱婆が出現した。木倉（現・上益城郡御船町）では、夜道を歩いていると、白髪の老婆が重そうな重箱を下げて現れ、髪をとかす間、重箱を持ってくれと頼む。受け取った重箱は徐々に重くなり、やがて老婆の姿は消え重箱は石に変わったという（『九州日日新聞』1921〔大正10〕年1月30日付）。山鹿市熊入町の下馬地蔵横の杉の木にも毎夜重箱婆が出現し、木の枝に下がっていたというが、1950年代後半にはすでにこの伝承自体が希薄になっていたようだ（『管内実態調査書　城北篇』）。正体は狸とする例もみられる。

不知火　八朔の前夜に不知火海沿岸一帯でみられる怪火。地元では龍灯、千灯籠などともよばれ、かつては旧暦8月1日頃の夜半、近隣の人々が高台の龍灯場に参集して火の出現を待った。龍灯は海底からリョウゴン（龍宮）さんが出現される姿だとする伝承もある（『熊本県民俗事典』）。現在は観望地として永尾神社（宇城市不知火町）が有名である。一定の日に遠方の火を見るため人が集まる習俗には類例があり、葦北郡津奈木町の海岸では歳の晩（大晦日）に山上から海を眺めれば龍灯が見えると皆で出かけ、五家荘（現・八代市泉町）では八朔に龍灯を見るためお神酒を下げて山に登ったという。いずれも昭和初期の事例である（『熊本県年中行事誌』）。

白坊主・黒坊主　ともに昭和30年頃の植木町（現・熊本市）の伝承。白坊主は杵下がりともいう。夜更けに大木（多くは

梅檀（せんだん）の下を通ると、上から白坊主が杵で頭を打ってくる。打たれた人がもし樹上を見上げると、白衣の坊主が大口で笑う姿が見える。その吐く息がかかると大病を患うといわれ、深夜の外出が戒められたという。黒坊主は、手足が金火箸（かなひばし）のように細く、夜中に民家の煙出しから台所に入り、水がめの水を柄杓で飲み干してしまう。その大きな光る目を見ると失明するので、夜は目を覚まさぬようぐっすり寝ることが推奨された（『管内実態調査書　城北篇』）。

蛸の足（たこ）

牛深港（うしぶか）（現・天草市牛深町）と下須島（げす）との間に「おくん瀬（ぜ）」の地名がある。江戸時代後期、おくんという名の欲深いお婆さんが、蛸の足を7本まで切り取り、最後の1本を切ろうとして海中に引き込まれ死んだという伝承がある。1955（昭和30）年頃には、旧暦3月15日にこの付近で夜釣りをすると、おくん婆さんが一人言を言いながら蛸の足を切る声がしたという。天草には類似の伝承が多くみられる。天草郡苓北町（れい）（はく）では、昔、老婆が海岸の「とくぼ瀬」の岩の下で1匹の大蛸を見つけ、その足を毎日1本ずつ取ってきて食べ、8本目を取るときに欲を起こして頭（胴）まで取ろうとして、岩の下に引き寄せられ蛸に食べられてしまったという（『管内実態調査書　天草篇』）。

塗り壁

塗り壁は『妖怪談義』で紹介された福岡県の例が著名だが、熊本では上益城郡御船町木倉の坂（かみましき）（みふね）（きのくら）（迫道（さこみち））に出現した。ここは夜に道の両側の絶壁から無数の小石が降ってきたり、突然人の目の前に鍋がぶら下がったりするなど、怪異が起こる場所として知られていたが、なかでも最も恐れられていたのが塗り壁だった。夜に坂道の途中で、突然目の前に真白な壁ができて何も景色が見えなくなる。無理に進もうとすると溝に落ちたり崖に突き当たったりする。塗り壁に出会ったら、気持ちを落ち着かせてこの壁を手で塗り回す真似をするか、気長に煙草でもふかしながら壁が消えるのを待つのがよいとされた（『九州日日新聞』1921〔大正10〕年1月20日付）。

猫の王

阿蘇五岳（ごがく）の中の根子岳（ねこだけ）（猫岳（す））には猫の王が棲み、近隣の猫が除夜・節分等に根子岳に参詣し、猫の王に挨拶をするという。この話は近世の地誌から記載がある（『肥後国誌（ひごこくし）』「太宰管内志（だざいかんないし）」）。日頃から根子岳には多くの猫が棲んでいるともいわれる。

山わろ　　葦北郡・球磨郡などの九州山地一帯では、山の神霊を示す名称は地域ごとに差異がみられる。葦北郡では山わろのほか、山ん者、山ん人などともいう。球磨郡や五家荘（現・八代市泉町）では山ん太郎、セコなどとよばれることが多い。春の彼岸に里に下って田の神となり、秋の彼岸に山に登る山の神になる（『熊本県民俗事典』）。県内各地では、こうした春秋に神が山と里を去来する伝承を、ガーッパ（河童）の属性として語る地域もある。葦北郡津奈木町では、山わろは「山ん神さん」ともよばれ、山中で薪を取る音、竹を切る音を立てるがその姿は見えない。一人で山道を通っていて突然寒気がし、髪の毛が一本立ちするようなときには山わろが身近にいる。また、山中でそれまで元気だった犬が突然静かになると、山わろが犬の口中に棒を立て鳴けなくしたとされる。山わろは秋彼岸に山に上り、春彼岸に川に下るという（『津奈木町誌　上巻』）。

雷神　　1673（寛文13）年夏、熊本市坪井にある曹洞宗報恩寺境内に激しい稲妻とともに落ちてきた雷を、住職が法力で枯れ井戸に封じ込めた。雷は寺の小僧となって3年間真面目に務めた後、天に帰るのを許され、昇天時に井戸に清水が噴出したという。この井戸は「雷封じの井戸」とよばれる。落雷の伝承は熊本市内に類例が多く、高橋町の天台宗聖徳寺では、激しい雨とともに境内の井戸に雷が落ち、住職が「今後この地に落ちないと誓うなら、救けて雷神として祀る」と約束して姿を刻んだといわれる風天尊像が祀られている。市内の清水地区では、観音堂裏の杉の木に落ちた雷を観音様が叱りつけ、以来この地には落雷がないという。昔、並建町で、美しい娘が井戸端で行水をする姿に見とれた雷が井戸に落ち封じ込められたという伝承もある（『新熊本市史　別編第2巻民俗・文化財』）。

高校野球

熊本県高校野球史

　熊本県に初めて野球が伝わったのは1888年頃とされる．正式の野球部創部は熊本商業が98年で最も早く，以後1900年に中学第一済々黌（現在の済々黌高校）と八代中学（現在の八代高校），01年に熊本中学（現在の熊本高校），03年に玉名中学（現在の玉名高校），11年に九州学院中学（現在の九州学院高校）で創部された．

　熊本県勢として最初に九州予選に参加したのが20年の九州学院中学で，同地区が南北に分割された25年には，熊本商業が南九州代表として熊本県から初めて甲子園に出場した．同校は26年の選抜にも選ばれ，ベスト4まで進んでいる．

　熊本工業は初出場した32年夏の大会でいきなりベスト4まで進み，34年夏には準優勝．37年夏には2度目の準優勝を果たすなど，全国的な強豪校となった．結局，戦前に甲子園に出場したのは，熊本工業が8回と熊本商業が4回のみであった．

　戦後最初に行われた47年の選抜大会には，熊本県から中学済々黌と熊本商業の2校が選ばれている．

　58年選抜も済々黌高校と熊本工業の2校が選ばれた．今では選抜に2校が出場すると決勝まで対戦しないようにヤグラが組まれるが，当時はそうした配慮はなく，両校は準決勝で対戦した．試合は済々黌高校が5−2で熊本工業に勝って決勝に進み，決勝でも中京商業を破って熊本県勢初優勝を達成した．

　熊本県では76年から1県1校となった．この大会から熊本工業が3季連続して出場し実力校に復活，76年から88年までの間に甲子園に11回出場，ベスト8に3回進んでいる．

　平成に入っても相変わらず熊本工業が出場回数を重ねた．96年夏には決勝に進んで松山商業と対戦．9回裏2死から同点ホームランで追いついて

延長に持ち込んだ。10回裏には1死満塁から本多大介選手がライトに大飛球を打ち上げてタッチアップでサヨナラ勝ちと思われたが、松山商業のライト矢野勝嗣が捕手にダイレクトに返球してタッチアウトとなり、11回に3点を取られて敗れ、3度目の準優勝となっている。

　また、98年には古豪の九州学院高校が復活、城北高校や文徳高校といった新しい学校も活躍している。

　2001年夏、秀岳館高校が初出場。以後は、同校と熊本工業、九州学院高校の3校が強豪校として活躍している。中でも、秀岳館高校は16年春から4季連続して甲子園に出場し、ベスト4に3回進出している。

【秘話】日曜日に試合ができなかった九州学院

　1911年に開校した九州学院中学はルーテル教会を母体としたキリスト教系の学校である。開校と同時に野球部が創部され、20年には熊本県勢として初めて九州予選に参加した、県下を代表する名門チームである。23年から2年連続して全県下中等学校野球大会に優勝し、24年には格上の旧制五高を降すなど、当時の熊本県では最も実力のあるチームだった。その九州学院中学には、日曜日がキリスト教の安息日に当たるため、スポーツの試合を行ってはいけないという決まりがあった。

　『くまもと熱球100年』（熊本日日新聞社）には、当時の教諭で野球部運営に関わっていた川瀬清さんの手記が掲載されている。それによると、27年夏の南九州予選では、初戦で優勝候補の熊本工業を降し、2回戦で鹿本中学を破って、甲子園出場の機運が高まっていたという。ところが、土曜日に行われることになっていた3回戦の宇土中学戦が雨で中止になり、翌日の日曜日に順延。この日は安息日に当たるため、特別に試合ができるよう学院長にかけあったものの受け入れられず、校則によってやむなく棄権したという。九州学院が初めて甲子園に出場するのは、これから36年後の63年夏の大会のことである。

　大正から昭和初期にかけての時期は、新潟商業がエースの病気で出場を辞退するなど、中等学校野球は数あるスポーツの一つにすぎず、甲子園出場もそれほど高い認知を得ていたわけではないことが分かる。

九州学院高 （熊本市，私立）
春 6 回・夏 8 回出場
通算 12 勝 14 敗

　1910 年ルーテル教会を母体に九州学院として創立し，翌 11 年に開校．
43 年九州中学校，46 年九州学院中学校と改称．48 年の学制改革で九州学院高校となる．

　11 年の開校と同時に創部．63 年夏に甲子園初出場，ベスト 8 まで進んだ．
98 年夏以降は常連校として活躍，2010 年夏にもベスト 8 に進んでいる．

熊本高 （熊本市，県立）
春 0 回・夏 2 回出場
通算 1 勝 2 敗

　1900 年熊本県中学第二済々黌として創立し，01 年県立熊本中学校と改称．48 年の学制改革で県立熊本高校となる．

　01 年創部．53 年夏に甲子園初出場，初戦で白石高を降して初戦を突破した．55 年夏にも出場している．

熊本工 （熊本市，県立）
春 21 回・夏 21 回出場
通算 46 勝 42 敗，準優勝 3 回

　1898 年熊本県工業学校として創立し，1901 年熊本県立工業学校と改称．
48 年の学制改革で熊本県立工業高校となり，51 年県立熊本工業高校と改称．

　23 年創部．32 年夏に甲子園初出場，準々決勝の石川師範戦では岡本敏男投手がノーヒットノーランを達成し，ベスト 4 に進出．34 年夏には準優勝して，以後全国的な強豪校として活躍．37 年夏にも準優勝．戦後も出場を重ね，96 年夏には決勝に進出．松山商との試合は 9 回裏 2 死から 1 年生の沢村幸明の同点ホームランで延長に持ち込み，10 回裏には 1 死満塁から本多がライトに大飛球を打ち上げたが，松山商・矢野の好返球で本塁タッチアウトとなり，3 度目の準優勝となった．2007 年選抜でもベスト 4 に進んでいる．OB に川上哲治がいる．

熊本商 （熊本市，県立）
春 4 回・夏 3 回出場
通算 5 勝 7 敗

　1895 年熊本高等小学校附設商業補習科が独立して熊本簡易商業学校として創立．96 年熊本商業学校と改称．1901 年熊本市立，03 年県立に移管．
31 年県立第二商業学校と合併．48 年の学制改革で県立商業高校となり，67

年県立熊本商業高校と改称した．

1898年に創部し，1925年夏に甲子園初出場．翌26年選抜ではベスト4まで進んだ．戦後も出場したが，60年夏を最後に出場していない．

熊本西高 （熊本市，県立）
春1回・夏1回出場
通算1勝2敗

1974年10月に創立し，翌75年に開校．76年夏創部．85年夏に甲子園初出場を果たすと，磐城高校を降して初戦を突破した．2019年選抜に21世紀枠代表として出場している．

秀岳館高 （八代市，私立）
春3回・夏3回出場
通算11勝6敗

1923年創立の八代町立代陽実業補習学校が前身．51年八代商業専修学校として創立され，52年八代商業学校と改称．56年に高校に昇格して，八代商業高校となる．63年八代第一高校，2001年秀岳館高校と改称．

1956年創部．校名変更した2001年夏に甲子園初出場．14年枚方ボーイズの鍛治舎巧監督が就任すると，同チームの選手を中心として16年春から4季連続出場，この間ベスト4に3回進出した．

城北高 （山鹿市，私立）
春3回・夏4回出場
通算2勝7敗

1950年に創立された松浦洋裁教習所が母体．52年松浦洋裁学院，61年城北高等家政学校となり，68年松浦学園が設立されて，城北高校として創立．

68年の創立と同時に創部．93年夏に甲子園初出場．95年夏には桐生第一高校を降して初勝利をあげた．2014年夏にも東海大望洋高校を降して3回戦に進んでいる．

済々黌高 （熊本市，県立）
春4回・夏7回出場
通算16勝10敗，優勝1回

1879年設立の同心学舎が前身で，82年私立の済々黌として創立．94年熊本県尋常中学校，99年熊本県中学済々黌と改称．1900年第一・第二に分離，県立に移管して熊本県中学第一済々黌となる．01年熊本県立中学済々黌と改称．48年の学制改革で県立済々黌高校と改称．

1895年頃から野球が行われるようになり，1900年に正式に創部．47年春に甲子園初出場．50年夏にはベスト4に進み，58年選抜では優勝してい

る．近年では，2012年夏・13年春と2季連続出場している．

鎮西高 (熊本市，私立) 春3回・夏4回出場
通算9勝7敗

1898年浄土宗鎮西支校として久留米市に創立．1901年熊本市に移転して，05年鎮西中学校と改称．48年の学制改革で鎮西高校となる．

47年創部．59年夏甲子園に初出場し，67年選抜では愛知高を降して初戦を突破．81年夏と84年夏にはベスト4まで進んでいる．近年では2014年選抜に出場している．

東海大熊本星翔高 (熊本市，私立) 春0回・夏2回出場
通算0勝2敗

1961年東海大学第二高校として創立．2004年東海大学附属第二高校，12年東海大学附属熊本星翔高校と改称．

創立と同時に創部．東海大二高時代の1983年夏甲子園に初出場した．2018年夏に2度目の出場を果たしている．

文徳高 (熊本市，私立) 春0回・夏2回出場
通算2勝2敗

1961年君が淵学園工業高校として創立．65年君が淵工業高校と改称．67年熊本工業大学の設立で，熊本工業大学高校と改称した．79年正式名称を熊本工大高校と改称し，96年さらに文徳高校と改称．

66年創部．熊本工大高校時代の78年夏に甲子園初出場，3回戦まで進んだ．文徳高校に改称後，97年夏に出場している．

八代東高 (八代市，県立) 春1回・夏3回出場
通算0勝4敗1分

1951年八代高校定時制課程が独立し，県立八代城南高校として創立．52年に全日制が設置され，54年八代東高校と改称した．80年普通科の募集を停止し，商業科のみとなる．

53年創部．64年夏に甲子園初出場，初戦の掛川西高戦は延長18回0-0で引き分け再試合となり2-6で敗れた．近年は2007年夏に34年振りに出場している．

㉝熊本県大会結果（平成以降）

	優勝校	スコア	準優勝校	ベスト4		甲子園成績
1989年	熊本工	3 − 2	東海大二高	熊本第一工	八代一高	2回戦
1990年	済々黌高	4 − 3	熊本工	東海大二高	鎮西高	2回戦
1991年	熊本工	2 − 0	大津高	九州学院高	東海大二高	初戦敗退
1992年	熊本工	4 − 1	城北高	九州学院高	東海大二高	初戦敗退
1993年	城北高	3 − 1	鎮西高	熊本工	八代工	初戦敗退
1994年	済々黌高	3 − 0	熊本市商	城北高	専大玉名高	初戦敗退
1995年	城北高	5 − 3	九州学院高	八代東高	熊本工	2回戦
1996年	熊本工	15 − 11	東海大二高	八代工	熊本市商	準優勝
1997年	文徳高	18 − 4	八代一高	城北高	八代東高	初戦敗退
1998年	九州学院高	16 − 1	熊本工	東海大二高	鎮西高	初戦敗退
1999年	九州学院高	3 − 2	東海大二高	有明高	熊本工	初戦敗退
2000年	九州学院高	4 − 1	八代一高	済々黌高	熊本農	3回戦
2001年	秀岳館高	6 − 5	熊本工	八代東高	必由館高	3回戦
2002年	熊本工	9 − 5	九州学院高	済々黌高	鎮西高	初戦敗退
2003年	必由館高	5 − 1	文徳高	済々黌高	鎮西高	初戦敗退
2004年	熊本工	9 − 1	秀岳館高	鎮西高	水俣高	2回戦
2005年	熊本工	6 − 5	文徳高	専大玉名高	千原台高	初戦敗退
2006年	熊本工	15 − 2	専大玉名高	城北高	八代工	3回戦
2007年	八代東高	8 − 6	九州学院高	城北高	熊本工	初戦敗退
2008年	城北高	11 − 4	専大玉名高	秀岳館高	済々黌高	初戦敗退
2009年	熊本工	7 − 6	九州学院高	必由館高	熊本国府高	初戦敗退
2010年	九州学院高	7 − 3	八代東高	東海大二高	熊本工	ベスト8
2011年	専大玉名高	1 − 0	熊本工	秀岳館高	九州学院高	初戦敗退
2012年	済々黌高	7 − 3	必由館高	九州学院高	城北高	3回戦
2013年	熊本工	5 − 4	文徳高	玉名工	済々黌高	2回戦
2014年	城北高	2 − 1	文徳高	熊本工	熊本北高	3回戦
2015年	九州学院高	6 − 2	文徳高	多良木高	鎮西高	初戦敗退
2016年	秀岳館高	13 − 2	九州学院高	文徳高	千原台高	ベスト4
2017年	秀岳館高	3 − 1	九州学院高	八代高	文徳高	2回戦
2018年	東海大熊本星翔高	6 − 4	熊本工	球磨工	必由館高	初戦敗退
2019年	熊本工	7 − 5	九州学院高	有明高	秀岳館高	2回戦
2020年	（ブロック大会のみ開催）					（中止）

やきもの

八代焼（壺）

地域の歴史的な背景

　肥後の熊本城主は、寛永9（1632）年以降は細川氏である。元は豊前（福岡県）の領主であった。

　俗に「やきもの戦争」ともいわれたのが文禄・慶長の役（1592〜98年）である。従軍した西国の武将たちが多くの朝鮮人陶工を連れ帰ったからである。その中に尊楷という陶工がおり、豊前の細川忠興に召し抱えられた。忠興は、三斎という雅号をもつ粋人で、尊楷に豊前上野（田川郡福智町）で窯を築かせた。これが上野焼の始まり、と伝わる。尊楷は、その後上野喜蔵を名乗った。

　細川三斎が尊楷を連れて肥後に入り、隠居の身にあったので八代（八代市）に住んだ。そこで八代焼を開窯したのである。八代郊外の高田郷であるから、これを高田焼ともいう。三斎は、茶人でもあったので、当初は茶陶中心に焼かれた。

　江戸期は、諸大名が競うかのように藩用窯を持った。しかし、大名みずからが茶陶に親しみ、陶工を育成した例は多くはない。この細川三斎は、特筆されるべき存在である。そして、肥後熊本の風土もまた、細川侯の文人ぶりを誇りとするものであった。

　なお、細川家の現在の末裔は、細川護熙である。第79代の首相を務めたことで知られるが、その後作陶活動に勤んでいる。三斎からの伝統とまではいわないが、不断の連続性がみられる。

　現在、熊本県下では、小規模ながらも数系統のやきものが存続している。

八代焼（高田焼）

八代市で焼かれる陶器。江戸時代は、熊本藩の御用窯であった。

寛永9年、藩主細川忠利（三斎の息子）が肥後に移るに際して、尊楷（上野喜蔵）が三斎の2人の子忠兵衛・徳兵衛を連れて高田手永奈良木木下谷に移住。ここに奈良木窯を開き、三斎が好んだ茶陶を焼いた。

尊楷の没後の万治元（1658）年、上野家の忠兵衛・徳兵衛は高田郷平山（八代市平山新町）に平山窯を築き、茶陶を中心に窯を営んだ。その後、同家は3家（木戸上野・中上野・奥上野）に分かれたが、藩からはそれぞれ5人扶持が与えられ、苗字帯刀など士分としての扱いも受けた。

奈良木窯時代の八代焼には、当然ながら上野焼との類似点が多くみられる。鉄分の多い胎土に鉄釉や土灰釉を使い、白土象嵌や刷毛目で加飾した茶入や茶碗、水指などの茶陶が遺されている。3家のうち奥上野家を興した3代渡部太郎助（喜楽）は、白土象嵌の技法を完成させ、特に大ぶりな白土象嵌模様を始めとする多くの優品を遺している。

象嵌は手の込んだ技法である。細かい文様を刻み、一つひとつ白土を埋め込む。透明釉を掛け、胎土に含まれた鉄分で碧色に発色させる。どこまで深い青磁の色がだせるかが決め手になるのだ。

平山窯は、19世紀に入ると、釉薬の色調も明るく象嵌も巧みな日常雑器を多く焼くようになった。さらに、青磁象嵌に加えて、白土を胎土として染付や赤土で象嵌を施した製品もつくり出す。これを「白高田」という。

八代焼の3家は明治になると藩の庇護を失い、いずれも明治中期までに廃業した。しかし、温泉旅館主などの援助によって、現在は上野家の直系や分家筋の人など数軒の窯元が八代焼と称して青磁象嵌を焼き続けている。

小代焼（小岱焼）

　八代焼と並んで熊本を代表するやきものである。寛永9（1632）年、細川忠利の肥後移封にしたがって、豊前上野の陶工源七（牝小路家初代）と八左衛門（葛城家初代）が有明海を望む小岱山（標高501メートル）の麓に移住して共同で窯を開いたのが始まり、と伝わる。この2家には藩から御赦免開の特権が与えられ、明和6（1769）年には両家共同で新しく瓶焼窯も開かれた。この窯は、連房式登り窯で6室からなる。文政3（1832）年、両家は細川斉茲に作陶の技法を披露して、翌年苗字も許された。天保3（1832）年には、同地の御山支配役瀬上林右衛門が近くに9室からなる連房式登り窯を開いた。初期の小代焼には上野焼や高取焼、八代焼との類似がみられる。素地は粗い鉄分の多い土で、鉄釉や藁灰、笹灰を用いた白濁釉を流し掛けた。日常雑器が中心だが、茶器も焼いた。

　各窯は明治から大正にかけて閉窯したが、現在は再興された十数軒の窯が存在する。

一勝地焼

　球磨郡球磨村一勝地で焼かれた陶器。明和9（1772）年に、人吉藩士の石田伝八が人吉城下に城本焼の窯を開くが、4年後に一勝地で良質の陶石を発見し、移住。薩摩との境に番所があり、その番人を兼ねて窯を開いた。以来、石田家は7代にわたって製陶に従事した。

　製品は、徳利や壺などの雑器が中心。胎土は、灰色できめが細かい。透明釉の上に黒釉、黄釉、土灰釉、銅緑釉などを流し掛けが多い。

　窯は明治末に絶えたが、昭和10（1935）年から人吉の陶芸家村山一壺が復興させ、その跡を荒尾出身の成田勝人が引き継いでいる

高浜焼

　天草町高浜（天草市）で焼かれた磁器。高浜村では、元禄年間（1688〜1704年）の頃より天草陶石を採掘して肥前の製陶業者に出荷していたが、庄屋であった上田武弼は、ここでその陶石を用いて磁器を焼くこと

を図り、肥前の山道喜右衛門を招いて宝暦13（1763）年に窯を開いた。

　高浜焼は、当初は薩摩の商船に売っていたが、安永5（1776）年に長崎奉行柘植長門守より長崎に在留するオランダ人向けの磁器製造を命じられ、オランダ東インド会社を通じて染付や色絵、染錦手などの皿や壺、花瓶などを輸出するようになった。いずれも大型のものが多く、染付の呉須や上絵の赤がやや黒味を帯び、全体的に強い色調を示している。文化元（1804）年、武弼の跡を継いだ息子の宜珍の下で、瀬戸（愛知県）の陶工加藤民吉が磁器製造の技術を学んだ、と伝わる。

　幕末から明治期にかけて、盛衰を経て、明治33（1900）年に廃絶。時代を経た昭和27（1952）年、上田陶石によって再興され、現在はエキゾチックなデザインの白磁の食器などが焼かれている。

水の平焼

　本渡町水の平（本渡市）で焼かれた陶磁器。明和2（1765）年に岡部常兵衛が開窯した。当初は無釉の雑器を焼いていたが、後に小代焼風の釉薬を施した陶器を焼くようになった。2代伊三郎は海鼠釉を始め、3代弥四郎は八代焼の象嵌の技法を取り入れた。5代源四郎は赤海鼠調を開発、独特の色調を誇った。

　現在の水の平焼では、特産の雲丹壺などが焼かれている。

Topics ● 幻の白磁窯

　現在の宇土市網田に、幻の窯といわれる肥後藩唯一の白磁窯があった。寛政4（1792）年、幕府献上のやきものをつくるため、肥前の陶工を招き開かれた窯である。染付を主として伊万里に匹敵する逸品もつくられたが、文政5（1822）年、藩の保護を解かれたことで衰微してしまった。

IV

風景の文化編

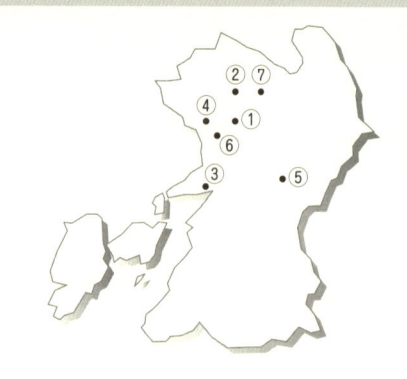

地名由来

肥後国は「熊本」で決まり

「肥後手まり唄」という唄がある。「あんたがた　どこさ」と訊くと「肥後さ」と答える。さらに「肥後どこさ」と訊くと「熊本さ」と答える。そして「熊本どこさ」と訊くと「船場さ」と答える。こういうやりとりで、特定の地名に絞っていく手法は並ではない。とにかく無駄がなく、簡潔に本質をついている。

この唄に象徴されるように、肥後国の県名は熊本でほとんど文句のつけようもない。熊本はかつては「隈本」と書かれていた。もともと九州には「隈」を使った姓が多い。大隈重信は佐賀県出身だし、「隈部さん」「石隈さん」「大隈さん」などそのほとんどが九州にルーツを持っている。

この「隈本」を「熊本」に変えたのは、慶長12年（1607）で、ここに築城した加藤清正（1562〜1611）であったとされる。加藤清正は尾張の出身で、槍の名手で勇壮な武将として天下にその名を知られていた。その清正からすれば、「奥まった所、陰の所」というイメージの「隈本」は受け入れられなかったに違いない。ならば、思い切って「熊」に変えようと考えたのであろう。

佐賀県・長崎県・熊本県一帯は旧「肥前国」「肥後国」であって、「前」「後」とくるから歴史的にも「佐賀県」「長崎県」「熊本県」の順序で発展してきたのかと思っていたが、どうやらそうではないらしい。「肥前」「肥後」のもとの意味は「火の国」であって、そのルーツは熊本にある。

『日本書紀』景行天皇18年の条に、次のような話が載っている。

5月1日、「葦北」という所から船出して「火国」に到着した。そこで、日が暮れてしまって船を岸につけることができなかった。すると遠くに火の光が見えたので、天皇は船頭に「まっすぐ火の方を目指せ」と仰せられた。火の方に向かっていくと岸に着くことができた。天皇は、その火の光った所を訊ねて「何という村か」とお訊きになった。土地の人は「八代

県の豊村です」と答えた。また、天皇は続けて「その火は誰の火か」と訊ねられたが、その火の主はわからず、人の火ではないことがわかった。そこで、この国を「火国」とした。

この地に根を下ろした「火の国」はその後肥前の方にも勢力を伸ばし、「火君」は九州最大の筑紫君と同盟を結び、現在の佐賀県・長崎県一帯に大きな勢力を持ったのだという。

とっておきの地名

①泗水

現在の菊池市に「泗水町」がある。明治22年（1889）の町村制施行の際、6つの村が合併して成立した「泗水村」がルーツだが、その村名は孔子の故郷の名によったものとされる。初代村長の西佐一郎は漢学者であり、当時所属していた郡名が「合志郡」であったことから、孔子に見立て、孔子の生まれた山東省曲阜、泗水の地名をとって村名としたという。

以前は合志川に4本の川が合流するところからという説もあったが、昭和61年（1986）に町議会で孔子の泗水説に由来すると議決したという。議会で議決するというのも珍しいが、それだけ孔子への思いが強いのだろう。現在の菊池市泗水町豊水にある「孔子公園」には中国宮廷建築を取り入れた回廊や建築群が並び、泗水の町名への思いを存分にアピールしている。

②七城

「七城町」はかつて菊池郡にあった町。昭和29年（1954）に菊池郡「加茂川村」「砦村」「清泉村」が合併して「七城村」になったのがルーツ。平成17年（2005）には「菊池市」および「泗水町」「旭志村」と合併し、現在は菊池市七城町となっている。城が七つとなれば、それなりに理由があるはずだ。

現在の菊池市一帯は中世の豪族・菊池氏が勢力を張っていた地域である。ここには「菊池十八外城」という言葉が残されている。現在は菊池神社となっている菊池城を取り囲むように18の城塞が設けられた。文献によってその対象は若干異なっているが、呼称としては「十八外城」という言葉が一般化している。その18城のうち、7つの城が旧七城町にあったことから、「七城」という地名が生まれたとされる。

③**不知火**（しらぬい）　　熊本県にしかない地名である。景行天皇が「火」を見つけたところから「火の国」が生まれたとされるが、「不知火」はその話の続きである。天皇が「その火は誰のものか」とお訊きになった時、「誰も知らなかった」ので、「不知火」という地名が生まれたともいう。

　ここで問題が生じる。『日本書紀』をまともに読めば、天皇がご覧になった火は明らかに陸上の火である。ところが、実際の「不知火」という現象は海上に起こるものなのである。これは矛盾だ。

　不知火湾は八代湾ともいうが、その北端に旧不知火町はあった。不知火町の永尾（えいお）という集落に「永尾劔神社（えいおつるぎ）」という小さな神社がある。集落にある鎌田山が顳（こめかみ）の魚に似ているところから「永尾」という地名が生まれたとされる。この神社の正面には不知火湾が広がり、ここから旧暦8月前後の干潮時に不知火が見られるという。これは現代では漁火（いさりび）等の気象学的現象だと言われているが、昔は、不思議な「人に知られぬ火」であったことは間違いない。

④**田原坂**（たばるざか）　　明治10年（1877）に起こった西南戦争で最大の激戦となった戦場として知られる。西郷隆盛率いる薩軍は官軍がこもる熊本城を包囲するも、天下の名城はさすがにすぐには落城しない。そこで、官軍の応援部隊が北から入るという情報を得て、薩軍は熊本城から北西十数キロメートルの地点にある田原坂で官軍を迎え撃つことになった。熊本城から北は台地状になっており、北方面から大砲などを通すことができるのはこのルート以外にはなかった。

　この軍事道路は「掘抜道」と呼ばれており、西南戦争からさらに300年さかのぼった加藤清正公が作ったものであった。3月4日から20日までの17日間、両軍はここで熾烈な戦いを続け、両軍合わせて6,500人以上の戦死者・負傷者を出して、薩軍の敗北という結果になった。

　九州には「バル」と読む「原」地名が多数分布している。もともと「ハリ」「バリ」は「開墾」を意味する言葉で、漢字では「墾」「張」「針」などの漢字を充てている。「原」を「ハリ・バリ」と読む地域は「尾張」あたりまでが顕著だが、茨城県にも「新治郡（にいはり）」という地名がある。だが、東日本では「原」は基本的には「ハラ」と読む。

⑤**通潤橋**（つうじゅんきょう）　上益城郡山都町（やまとちょう）にある石造単アーチ橋。阿蘇の外輪山の南側の緑川水系に架けられた水路橋で、国の重要文化財に指定されている。

　水の便が悪かった白糸台地に給水する目的のために、時の惣庄屋を務めていた伏田安之助（ふたやすのすけ）が嘉永7年（1854）に肥後の石工たちの技術によって見事な石造の橋を完成させた。橋の長さ約76メートル、幅員6.3メートル、高さ20メートル余で、文字通り我が国最大の石造の橋である。水を送って潤すところから「通潤橋」と名づけられたことは言うまでもない。

⑥**八景水谷**（はけのみや）　熊本市の北部に位置し、昔から熊本市の水源地として知られてきた。現地には、熊本藩主が中国の『瀟湖八景』にちなんで八景を選んだところからこの地名が誕生したなどと書かれた看板が立てられているが、それは後の創作である。実はこの「八景水谷」は全て地形で説明できる。「八景」とは「ハケ」のことで、「崖」を意味している。「ハゲ」「ホキ」「ボケ」なども同じである。「ハケ」は「波気」「波介」「羽下」などの漢字を充てるが、いずれも崖を意味している。

　「水谷」は文字通り「水の谷」である。周囲は20メートルほどの崖（ハケ）に囲まれて、その下からこんこんと水が湧き出ている。いわば扇状地の湧水地であり、大正13年（1924）に、八景水谷を水源地として上水道が整備された。今でもレンガ造りの水の科学館が残されている。八景水谷を水源として得られた水は、立田山（たつだやま）に送水され、標高73メートルの立田山配水池から市内中心部に供給したという。

⑦**隈府**（わいふ）　菊池市にある町名の1つ。明治期から「隈府町」（わいふまち）としてあったが、昭和31年（1956）に同町と7つの村が合併して「菊池町」（まち）ができたことにより、自治体名としては消滅した。

　中世は菊池氏の本拠地として栄えた。南北朝・戦国期には「隈部」「熊部」などと見え、「くまべ」と呼ばれていた。菊池氏が居城した城も「隈部城」（くまべ）「隈府城」（くまふ）と呼ばれていたようで、そうだとすると、「隈府」も「くまふ」と呼ぶべきではないかという謎が生まれる。その背景にはこんなことがあったという。

　加藤清正が肥後北半国を与えられて「隈本」に入ったのは天正16年

（1588）のことだが、清正は「隈本」を城府として「隈府」と略称したため、菊池の「隈府」を「わいふ」と呼ぶようになったという。では、ほんとうに「隈」は「わい」と読めるかというと、読めるのである。川などが曲がって入り組んでいる所を「隈曲」というが、「隈」という漢字は音では「ワイ」と読むことになっている。清正はその後に「隈本」を「熊本」に改称している。

難読地名の由来

a.「蔚山」（熊本市中央区）b.「画図」（熊本市東区）c.「土鹿野」（熊本市南区）d.「亀頭迫」（玉名市）e.「夜間」（菊池市）f.「賤之女」（上天草市）g.「永尾」（宇城市）h.「山亥」（阿蘇郡小国町）i.「茗の木」（球磨郡多良木町）j.「鬢掃除」（天草市）

【正解】

a.「うるさん」（秀吉の朝鮮出兵の際、朝鮮半島の蔚山から多くの人々が移住したことによる）b.「えず」（近くにある「江津湖」にちなむか）c.「はしかの」（「初鹿野」（山梨県）と同じで、「端処野」で、川の端の原野に由来する）d.「きとさこ・きとうさこ」（亀頭の形をしていて狭い地形に由来するか）e.「やけ」（家を意味する「宅」に由来するか）f.「しずのめ」（キリシタンの悲しい歴史に関連あるか）g.「えいのお」（不知火海に向かっている永尾神社の神様がエイに乗ってやってきたという伝承に由来する）h.「はげ」（「ハケ」「ハゲ」は崖のことだが、崖を「山を猪が駆けて崩していく」といったイメージで命名したものであろう）i.「ちしゃのき」（ムラサキ科の落葉高木の「チシャノキ」に由来する）j.「びんそうじ」（「鬢」とは、耳の脇の髪のことを言い、昔馬を連れて行く時、ここで馬の鬢を洗ってあげたことによる）

商店街

上通商店街（熊本市）

熊本県の商店街の概観

　熊本県は熊本市を中心とする県央と、玉名市、菊池市以北の県北、八代市以南の県南に3区分され、県北はさらに西の玉名地域、東の阿蘇地域、その間の菊池・山鹿地域に、県南は八代市、水俣市を中心とする芦北、人吉市を中心とする球磨、天草の各地域に分かれる。県西部を幹線鉄道が南北に縦断し、東西方向の豊肥本線、肥薩線が分岐し、県北を中心に道路網も発達している。九州新幹線や九州自動車道といった新しい交通動脈はやや内陸を通っているが、交通軸に大きな変化はない。熊本市は県域のほぼ中央に位置し、県内には玉名市、山鹿市、菊池市、八代市、人吉市、水俣市といった中心都市がほぼ等間隔で分布している。また、天草は1966年に本土と結ばれたが、南部の牛深市までは熊本市から車で3時間以上を要する。

　2014年の「商業統計調査」によれば、年間小売販売額で県全体に占める割合は熊本市が45.8％と最大で、第2位の八代市（6.6％）との差は大きく、ほかの都市は5％未満である。両市以外では、人吉市、水俣市、山鹿市、菊池市、玉名市、荒尾市が主な商業中心である。

　熊本市は戦前までは九州の中心都市に位置づけられ、国の機関や師団、高等学校などが置かれていた。商業地としては熊本城南の古町、西の新町が古く、現在の中心商店街（「上通」「下通」）は大正期に城の東側に置かれていた軍施設が移転したことにより商店街として発展したものである。その頃、私鉄路線が相次いで敷設されたことも商店街の発展にとって大きかった。中心商店街以外では、熊本大学西側の「子飼商店街」、市電の終点で戦前の航空機工場跡に隣接する「健軍商店街」、南郊の交通の要衝から成長した「川尻商店街」などが近隣商店街として機能しており、より新しい新興住宅地などには大型店を中心とした商業集積地が形成されている。

また、水前寺には観光要素の強い「参道商店街」がある。

　八代市、人吉市、山鹿市、菊池市の中心商店街はいずれも古い歴史を持つ地域型商店街として機能してきたが、近年は衰退傾向が見られ、それぞれが活性化に取り組んでいる。山鹿市では、活性化により豊後街道沿いの古い街並みが復活した。また、阿蘇一の宮における湧水を活かしたまちづくり、商店街の活性化はユニークなものである。熊本県でも郊外大型店の立地による商店街への影響は大きく、大型ショッピングセンターがオープンした荒尾市や宇土市、宇城市では商店街の衰退が著しい。三池炭鉱万田坑で栄えた荒尾市では、「買い物弱者」を支援することを目的に、商店主が「青研」（中央青空企画）と呼ばれる組織を立ち上げ、ミニスーパーマーケットなどを開設した活動が注目される。天草は1966年の架橋により本土と結ばれたが、本土の結び付き先は、島内の地域により異なる。北部の「本渡商店街」と南部の「牛深商店街」が存在し、島内における小売商圏を形成している。

　2016年の熊本地震では商店街も大きな被害を受け、各商店街では復興に取り組み、益城町と阿蘇町には中小企業基盤整備機構により仮設店舗が開設されている。熊本市の中心商店街の復興は比較的早かったが、その他の商店街では思うように進んでいない。

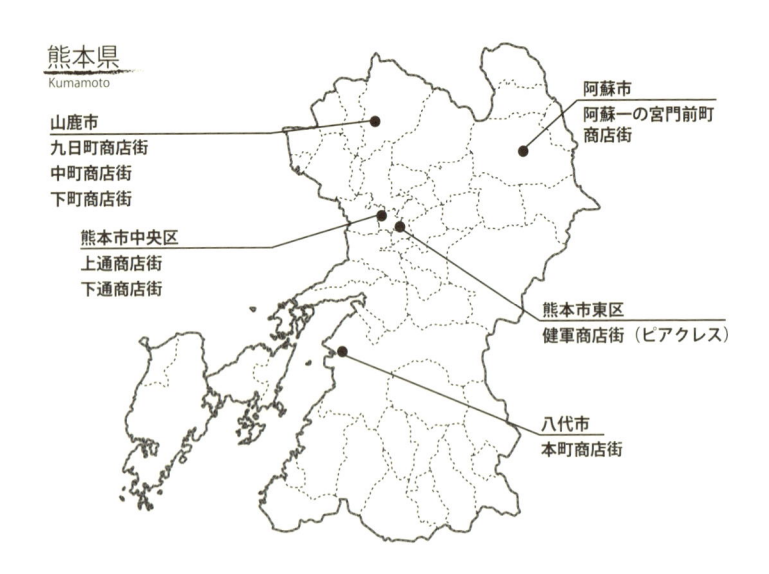

熊本県
Kumamoto

山鹿市
九日町商店街
中町商店街
下町商店街

熊本市中央区
上通商店街
下通商店街

阿蘇市
阿蘇一の宮門前町
商店街

熊本市東区
健軍商店街（ピアクレス）

八代市
本町商店街

上通商店街・下通商店街（熊本市中央区）

―熊本城と歩む中心商店街―

　熊本市の中心、通町交差点をはさんで北に上通商店街、南に下通商店街のアーケードがある。2つの商店街を軸に多くの商店街が交差・分岐し、中心商業地区を形成している。また、目抜き通りには県内唯一の百貨店鶴屋をはじめ複合商業施設やホテルなどが並び、一帯は飲食店や映画館なども集まる県内最大の繁華街である。

　上通地区は江戸時代には武家屋敷地区で、西南戦争で焼失した跡地に商店が並ぶようになった。東側には官庁が並び、西側には学校が建ち、北は熊本電鉄藤崎宮前駅（1911年開業）で、戦前から熊本の中心商店街として賑わってきた。全長約600mの商店街のうちアーケードがあるのは南半分のみで、北半分は1990年にアーケードを撤去してオープンモールとなり、「上通並木坂」と呼ばれることになった。並木坂は上通のなかでも商店街としての歴史は最も古く、100年以上営業している老舗が多いが、オープンモール化以後、若者向けの衣類を扱う店舗も開店している。また、一筋東の上乃裏通りは、古民家を改修したレストランや衣料品店の多い通りに変貌している。上通商店街全体では、各種の衣服店、時計店などの専門店主体に約300の店舗が軒を連ねており、空き店舗はほとんど見られない。歴史を感じさせる書店や文具店、楽器店がある一方、外資系ファッションや全国チェーンの出店も多く、中心商店街として活況を呈している様子がうかがえる。アーケード南出口にある「びぷれす熊日会館」は熊本日日新聞社本社（1999年移転）の跡地に建設された複合商業ビルで、2002年にオープンした。熊本市現代美術館、ホテル、商業施設などが入り、1階の広場ではふるさと物産店などのイベントが開催され、向かいの鶴屋百貨店（1952年開店、73年改築）とともに中心商店街の核施設になっている。

　下通商店街は長さ約500mのアーケードのある商店街で、南端から西へサンロード新市街のアーケードが連なり、南はアーケードのないシャワー通りが続く。東は鶴屋百貨店など大型商業施設主体の駕町通商店街である。2005年から改修されたアーケードは幅員のある高層アーケード（高さ約16m）で、開放的で回遊性を持たせており、可動式休憩所が設けられている。ファッション、身の回り品、文化用品などの専門店を中心に約180店

が並んでいるが、店舗交替は早く、最近は飲食店の増加が目立っている。サンロード新市街は飲食店などの多い商店街、シャワー通りは老舗のファッションストリートである。

2016年の熊本地震では、商店街も店舗の破損や買い物客の減少といった影響を受けたが、復旧は急速に進められ、鶴屋百貨店も2カ月足らずで全館で営業再開した。一方、熊本城をはじめ地域の復旧には時間が必要であろう。通町交差点から見通せる熊本城は中心商店街のシンボルと言ってよいものであり、お城の復旧とともに商店街が発展することを願いたい。

健軍商店街（ピアクレス）（熊本市東区）
―熊本郊外の近隣型商店街―

熊本市東部にある近隣型商店街。市電の終点「健軍町」から南へ伸びるアーケードのある商店街で、青果、果物、精肉から衣類、寝具、文具など日用品を扱う商店が揃っている。また、周辺には医院が多いのも特徴。1992年に片側式の木製アーケードを全蓋型アーケードにしたのを機に、愛称を「ピアクレス」と名づけた。市電停留所の北東に第2次世界大戦直前に三菱重工熊本航空機製作所が開設され、1945年には市電が健軍まで延伸され、戦後、工場跡地に商店が数軒立地した。1953年の白川大洪水により、被災者が水害を受けにくい東部地区に移住してきたことから商店街の形ができた。1950年代後半には、周辺地域の人口増加により商店街は次第に成長し、1970年には98店舗で商店街振興組合が結成された。

その後、周辺地域でスーパーマーケットの出店が相次ぐと客足は減少し、一方で、通学、通勤の駐輪が商店街にあふれるといった問題も生じた。組合では全蓋式アーケードに改め、市営駐輪場も整備した。また、健軍桜まつりに加えて様々なイベントや企画を立ち上げるなど、商店街活性化に向けた取組みを行っている。タクシーを利用した宅配システムを構築し、高齢者の要望を受けて、空き店舗を活用して道の駅や物産館を出店するなどした。これらの「少子高齢化に対応した医商連携型まちづくり」は、2009年に「新・がんばる商店街77選」に選ばれた。

本町商店街（八代市）
―地域の商店街へ脱皮する商店街―

八代市の中心市街地、八代城跡の南約250mを東西に伸びる商店街で、JR八代駅から商店街の東入口まで2km近く離れている。城跡北側の通町

商店街とともに八代市の中心商店街に位置づけられる。城下町時代の町屋地区に始まり、早くから八代の商業地区として栄えてきた。1丁目から3丁目まで約700m続くアーケードは、県内第2位の長さで170店ほどの商店があるが、空き店舗が目立つようになっている。東端の1丁目は飲食店の多い商店街で、北約100mにはスーパーマーケット・マルショクがある。2丁目は衣料品店、生鮮食料品店、飲食店など多様な業種構成の商店街で、鶴屋生活彩館が核店舗としてあったが、2016年の熊本地震の影響により閉店した。

　2000年代に入って、郊外に大型商業施設が相次いで開店すると商店街の客足は大きく減少し、商店街内の大型店は閉鎖され、商店街の活気は失われていった。一方で、高層マンション建設により地区の人口減少には歯止めがかかってきた。商店街ではチャレンジストア事業により、商店街に不足している業種の誘致を進め、20店を超える空き店舗の再開にこぎつけている。「テクテク歩こう商店街」など健康づくりをテーマとして取り組んできた商店街連携事業が、2014年に「がんばる商店街30選」に選ばれた。また、7、8月の土曜日に開催してきた本町土曜市のほか、春の雛飾り、秋の八代妙見祭の笠鉾展示といったイベントに取り組み、成果は上げているが、購買者の増加につなげるには、いっそうの工夫が必要であろう。

阿蘇一の宮門前町商店街（阿蘇市）
―水基を活かした商店街の再生―

　阿蘇市にある阿蘇神社（肥後国一の宮）の門前にある全長200m、店舗数30店ほどの小規模な商店街。JR豊肥線宮地駅からは徒歩約15分と離れているが、阿蘇神社の門前という地の利を活かして商店街が形成され、最盛期には100軒以上の店舗が営業していた。いわゆる門前町型商店街というよりも、周辺地域の日常生活を支える地域密着型の商店街であった。周辺地域にも商店が立地するようになると、賑わいは少しずつ薄れ、1992年に阿蘇一の宮門前町会を設立し、阿蘇神社観光客の回遊路となることを目指すが、効果が上がらず、店舗数は減少していった。2001年に商店街の2代目が中心になって「若きゃもん会」を結成し、商店街を盛り上げる活動に取り組んできた。

　阿蘇の湧水（水基）による商店街の再生は、地域の自然、歴史を活かしたもので、注目される。各店舗などが水基をそれぞれ違うデザインで作っ

て、個性的なネーミングを施し、「水基巡りの道」を整備し、マップも作成している。時計店は「竹沢の雫」、酒屋は「酒杜の泉」などユニークなものが36基設けられている（2016年現在）。また、桜の木を活用した「お座敷商店街」の設置、湧水を使ったサイダーやコーヒー、馬肉や阿蘇赤牛など特産物を使った商品開発も行っている。これらの活動が観光客の足を商店街に向けさせる一定の効果はあったようで、人出が戻り、新規参入者も徐々に現れている。2016年の地震では、阿蘇神社だけでなく商店街も被害を受けたが、ともに復興に向けて歩んでいる。

九日町商店街・中町商店街・下町商店街（山鹿市）
―交通の要衝のレトロ商店街―

　山鹿は古くからの温泉地であり、県北の交通の要衝でもあった。山鹿市役所前の堀明商店街・花見坂商店街の西側にある丘陵部を通る旧豊前街道（旧小倉街道）に沿うのが、本商店街である。山鹿で最も早く商店街が形成され、北から上町、日吉町、九日町、中町、下町と古い商家や土蔵が多く残る街並みが続いているが、現在の店舗数は30程度で、商店街と呼べるのは九日町以南に縮小している。1980年頃までは商店街は国道方向へ拡大し、スーパーマーケットも相次いで出店し、県北部の商業中心地として繁栄してきた。2000年頃に郊外に大型商業施設が開店し、中心部は魅力を失い、空き店舗が増えた。とりわけ、国道沿いの温泉プラザに入っていたサンリブの閉鎖（2002年）は核店舗であっただけに商店街に与えた影響は大きかった。

　市では中心市街地活性化策として、旧豊前街道を中心とした範囲を都市景観形成地区に指定して、歴史的、文化的価値の高い建物を保存・整備して、歴史的街並みの景観整備を進めている。九日町の国指定重要文化財「八千代座」（1911年開場、2001年改修オープン）、中町の旧安田銀行山鹿支店の建物（1925年建設）に入る山鹿灯籠民芸館、下町南端にある明治創業の老舗造り酒屋はその代表とも言えるもので、観光の中心にもなっている。また、看板を撤去して商店の造りを前面に出すことによって、昔の商店街の姿を取り戻しつつある。

花風景

阿蘇のヒゴタイ

地域の特色

　九州のほぼ中央に位置し、東には雄大な阿蘇山とその外輪山、九州山地などがそびえ、西は有明海・島原湾、八代海（不知火海）に臨み、天草諸島が連なる。阿蘇山は古代から全国に知れ渡った活火山であるが、先史時代から人々が住みついた場所でもあり、阿蘇の牛馬を飼う草原は約1000年の歴史がある。近世には加藤清正が肥後国熊本藩の大名として熊本城の城下町を築き、加藤氏の後を細川氏が継承した。明治時代には九州を治める行政の中枢県として機能する。太平洋側の暖温帯の気候を示す。

　花風景は、近世の城郭跡の公園と現代のドライブウェイやダム湖のサクラ名所、驚くばかりの樹齢の古木の花、阿蘇山特有の高原や草原の花など、古い歴史と雄大な自然などにちなむ花が特徴的である。

　県花はNHKなどの公募で決まったリンドウ科リンドウ属のリンドウ（竜胆）である。里山や草地に咲く山野草で、鮮やかな青紫色の釣り鐘型の花を茎の先端に幾つも咲かせる。変種や園芸品種も多く、これらを総称してリンドウと呼ぶこともある。県内各地に自生し、特に広大な阿蘇草原には多く見られる。長野県の県花も同じである。

主な花風景

熊本城のサクラ　＊春、重要文化財、特別史跡、日本さくら名所100選

　熊本市内中心部に入ると突然眼前に威風堂々としてそびえ立つ熊本城が現れる。威厳のある黒いお城は圧巻であり、熊本市のシンボルである。熊本城は熊本公園として、このお城を飾るように約800本のソメイヨシノ、ヤマザクラ、ヒゴザクラなどで埋め尽くされ、来訪者はお城と調和したサクラ風景に魅入られていた。夜間のライトアップではお城と共にサクラが幻想的な風景を生み出し、多くの人々が酔いしれていた。しかし、2016（平

成28) 年の熊本地震で残念ながらこの風景は一変した。しばらくは復興を待たねばならない。なお、竹の丸地区には肥後名花園があり、江戸中期18世紀に藩主の細川氏が武士に奨励した園芸に由来する肥後六花（椿・芍薬・花菖蒲・朝顔・菊・山茶花）を鑑賞できる。

熊本地震は震度7の大地震で、1回目より2回目の地震が大きく、いっそう被害を甚大にした。従来の本震、余震の概念をくつがえし、前震、本震と言い直された。この熊本地震において、熊本城は大天守の屋根瓦が落ち、小天守の石門が崩れた。飯田丸五階櫓は石垣が崩れ、「奇跡の一本石垣」と呼ばれるようになった1筋の石積みがかろうじて建物を支えたが、戌亥櫓、北十八間櫓、東十八間櫓などは石積みが崩れ、建物も倒壊し、これらは特に甚大な被害であった。その他、曲輪（お城の各区画）や大手門の石垣も崩壊した。これらの中には再建したばかりの建造物もあった。

熊本城は近世・近代の歴史を刻んできた。また、城郭の再建の歴史でもあった。熊本城は築城の名手と称えられた大名加藤清正が1601（慶長6）年から07（同12）年にかけて築いた名城である。清正は当初肥後国（現熊本県）の北部を治めていたが、03（同8）年の関ヶ原の戦い以後、肥後全域を治める。しかし、加藤氏は2代目で断絶し、以後、明治維新まで細川氏が治める。1877（明治10）年の西南戦争では熊本鎮台（88年に大日本帝国陸軍第6師団に改組）として政府軍の拠点となったが、激戦のため天守閣など多くを焼失してしまった。しかし、宇土櫓をはじめ城門、櫓などをよく遺存し、石垣、堀などもよく旧観を残している。現在の天守閣は1960（昭和35）年の再建であり、その後、櫓なども近年多く再建されてきた。サクラは熊本城の歴史を追憶させてくれる。

水俣市チェリーラインのサクラ　＊春、日本さくら名所100選

県南端の水俣市には山地から海岸にわたるサクラ並木の道路がある。このなかでも湯の児温泉へと続く八代海沿いの約4キロ、約500本のソメイヨシノなどのサクラが碧い海や変化に富んだ海岸線に映えて美しい。八代海は夜の沖合に火のような不思議な光が見えることから不知火海とも呼ばれている。一説には蜃気楼の現象だといわれている。

1956（昭和31）年に公式発表された有機水銀中毒の水俣病の悲劇は、不治の病を抱えた人も多く、また、病気の認定をめぐって未だに終息してい

ない。Minamata disease として世界に知られている。20世紀の経済優先の豊かな物質文明はさまざまな負の遺産を残してしまった。しかし、水俣市は今や環境先進都市としてトップランナーを走っている。

市房ダム湖のサクラ　＊春、日本さくら名所100選

　九州山地市房山（1,725メートル）西麓の水上村に位置する市房ダム湖には周囲約1.4キロにわたり、ソメイヨシノなどのサクラ約1万本のサクラ並木がある。「1万本桜」とも呼ばれ、地元の観光地となっている。スイスのジュネーブ湖の有名な大噴水のように、ここでも高さ約80メートルの噴水を楽しめる。市房山東麓は宮崎県の椎葉村や西米良村があり、奥深い山地である。市房ダム湖は球磨川の上流部に当たる。日本三急流の一つといわれる球磨川は九州山地を西流し、人吉と八代の町を通って、八代海へと抜ける。市房ダムは1960（昭和35）年に建設され、これに合わせてダム湖周辺にソメイヨシノを植栽し始めた。

　江戸時代には渓谷や渓流の風景を賞賛していた。今も、キャンプ、バーベキュー、水浴、魚釣りなどで河畔を楽しむが、戦後、昔ほど渓谷や渓流を愛でなくなった。同時に、至る所に治水、利水、発電などのダムが建設された。雨量が多く、急傾斜の山地を持つわが国ではやむを得ないが、今や人為の手が入っていない河川はほとんど失われている。疲弊している中山間地域では地域活性化のためダム湖の活用に苦心している。

麻生原のキンモクセイ　＊秋、天然記念物

　県中央部甲佐町麻生原の観音堂に接してキンモクセイの巨樹がある。樹高約20メートル、幹周り約3メートル、枝張りが半径約10メートルあり、樹齢約750年と推定されている。淡黄色の花を秋に二度開花させ、芳香が約500メートル離れた緑川を越えて約2キロまで届くとまでいわれている。甲佐町は町のシンボルとして、地中の根を踏圧などから守るために周辺の土地を買収し、公園として手厚い保護を図っている。

　この花木は天然記念物においてもキンモクセイの名称が用いられているが、現在ではウスギモクセイであることがほぼ定説になっている。モクセイは大きく分けて橙色の花をつけるキンモクセイ（金木犀）、白色の花をつけるギンモクセイ（銀木犀）、そして、黄色い花をつけるウスギモクセイ（薄

黄木犀）の3種とされ、前2者が庭園に広く用いられ、キンモクセイは特に香りが強い。近年、ウスギモクセイはギンモクセイの園芸品種だという説も出てきている。

相良のアイラトビカズラ　＊春、特別天然記念物

　県北部山鹿市の相良観音を祀る相良寺の近くに藤棚のような棚があり、太い蔓が巻きつき、常緑の光沢のある大きな葉が覆い尽くしている。その棚のトンネル中に入ると、妖艶な暗い紫色をした大きな花がブドウの房のように垂れ下がり、独特の香りを放っている。これは、熱帯系の花のような趣であるが、中国揚子江の中流域に分布しているというアイラトビカズラである。アイラトビカズラはマメ科の大型の蔓性常緑木本植物で、樹齢1000年の古木と推定され、ここのみに自生していると見なされたことから、国の特別天然記念物に指定された（後に長崎県にもあることが発見された）。アイラトビカズラの花は、かつては何年かに一度しか咲かないといわれてきたが、現在は毎年花をつけている。

　アイラトビカズラ（相良飛蔓）は、平安時代12世紀末の源平合戦にまつわる伝説をいくつか残している。その一つに、源氏側が平氏側を討つため、山鹿の相良寺を焼いた時、寺の相良観音が蔓に飛び移って難を逃れたという物語がある。

波野高原のスズラン　＊春・夏

　県の北東部阿蘇市波野の大分県に接する波野高原にスズランの自生地がある。二重式火山の阿蘇山の外輪山東部外側の標高700〜800メートルの高原地帯である。ススキのような長い草の草原が波うつように広がっていることから波野という名になったと伝えられている。外輪山北部外側には広大な阿蘇草原が広がっている。スズランは、高さ20センチ程度の1本の茎に、可憐な鈴のような小さな白い花を幾つかぶらさげるように咲き、芳香をただよわせる。本来、東北地方以北の植物で、北海道では原野に多く咲く山野草である。花は美しいが、根や茎などには毒があり、牛馬は食べないので放牧地で群生していることもある。波野で1974（昭和49）年に発見され、現在は、県によって保護されている。なお、波野には白い花が一面に咲き誇るソバ畑もある。

阿蘇の草原植物

阿（あ）蘇（そ）　草（そう）原（げん）植（しょく）物（ぶつ）

*春・夏・秋　阿蘇くじゅう国立公園、
世界ジオパーク

　活発に活動している火山の阿蘇山周辺は、古代から牛馬の畜産業が盛んで、放牧地や採草地となる広々とした草原が広がっている。ここには草原特有の美しい草花が生育し、貴重な草花の宝庫となっている。春の風物詩となっている野焼き後の黒い焼け跡に、キスミレが黄色い花をつけて絨毯のように群生し、春の訪れを実感させる。春には、ハルリンドウが群青色や白色の星のような花をつけて一面に咲き乱れ、サクラソウが桃色の可憐な花をつけて湿地に咲き誇る。夏になると、ハナシノブが青紫色の可憐な花をつけて日当たりの良い草原に生育し、ツクシマツモトが鮮やかな朱色の印象的な花をつけて咲き誇る。夏から秋にかけて、ヒゴタイが瑠璃色の球形の特異な花を日当たりの良い草原に彩りを添える。これらは、サクラソウを除いて、大陸系遺存植物といわれ、氷河期に日本列島がユーラシア大陸とつながっていた頃に分布を拡大し、大陸との分離後も生き残っている貴重な植物である。特にハナシノブとツクシマツモトは阿蘇の固有種できわめて貴重で、中でもハナシノブは絶滅の危機に瀕していることから、種の保存法による希少種に指定され、保護されている。サクラソウは栽培種が普及し、自生種は貴重である。ツクシマツモトも江戸時代から栽培されていたという。

　その他、夏には、ユウスゲ（キスゲ）が黄色い大きな花をつけてススキが茂る草原に夕刻から早朝にかけて咲き乱れ、夏から秋にかけて、秋の七草の桃色のカワラナデシコや黄色のオミナエシ、淡い紫色のヒゴシオンなどが美しく咲いている。秋の終わりには、多くの花々が消えゆくなかで、紫色のリンドウや白色のウメバチソウが残照のように花の終わりを告げる美しい姿を見せてくれる。

　しかし、約1000年間にわたって維持されてきた草原が今消えようとしている。牛肉の輸入自由化や後継者の不足などで畜産業は衰退し、放牧、野焼き、採草などが維持できず、草原の森林化が始まっているのである。かつて肥後（現熊本県）の赤牛、豊後（現大分県）の黒牛といわれ、茶色と黒色の牛が草原に風情を添えていたが、今はその風景も少なくなった。そこで、現在、ボランティアによる野焼きや環境省の風景地保護協定により、地域の人々や団体が協力して阿蘇の草原再生事業が進められている。

公園 / 庭園

熊本城公園

地域の特色

　熊本県は九州のほぼ中央に位置し、北、東、南を山に囲まれ、県境をなして、西には熊本市や八代市のある平野が有明海・島原湾、八代海（不知火海）に臨み、天草諸島が連なる。県面積の4分の3が山地・火山であり、西には阿蘇山とその外輪山（火山の中央部が陥没した周りに残った絶壁の山々）、九州山地などが連なり、これらが豊かな水源となって白川や球磨川などとなって西の平野へ流れている。

　阿蘇山は特に豊かな水を育み、カルデラ北部の阿蘇谷の黒川、南部の南郷谷の白川となって、外輪山の裂け目立野から熊本市に流れるとともに、同時に豊富な地下水を伏流水として熊本市にもたらしている。阿蘇山は古代から全国に知れ渡った活火山であるが、先史時代から人々が住みついた場所でもあり、古代の豪族阿蘇氏の古墳や阿蘇神社が残っている。阿蘇の牛馬を飼う草原は1000年の歴史がある。熊本のクマは山に囲まれ、屈曲した川によってできた平野を意味し、古くは隈本の字を当てた。国名は古代から火の国と呼ばれ、火が肥に通じ、火の国が肥前（長崎）と肥後（熊本）に分かれた。肥前には西日本火山帯の旧白山火山帯（大山火山帯）に連なる雲仙岳、肥後には旧霧島火山帯に連なる阿蘇山の火山があった。

　近世には加藤清正が熊本藩の大名として熊本城を中心とする城下町を築き、灌漑・治水、交通整備などに力を入れ、清正の急逝により以後細川氏に継承された。明治維新後は鎮西（九州）行政の中枢県として機能する。三角西港などは、福岡・長崎県などの構成資産とともに、2015（平成27）年、世界文化遺産「明治日本の産業革命遺産」となった。

　熊本県は自然の変化に富んでいることから、優れた国立公園、国定公園が中心となっている。城下町であったことや、伏流水や河川が多いことから、これらにちなむ都市公園・庭園を見ることができる。また、水俣病の教訓を生かした環境先進都市に関係する公園もある。

📖 阿蘇くじゅう国立公園阿蘇山

*世界ジオパーク、世界農業遺産、日本百名山

　阿蘇山は雄大な風景を見せる最大級の二重式火山である。巨大な火山の中央部が陥没して、外輪山の中にカルデラ（鍋の意味）を形成し、カルデラの底から再び噴火し、阿蘇五岳と呼ぶ中央火口丘を形成した。古代から恐ろしい噴火は広く知られており、寺院が多くあった時期もあった。近世には3カ所の火口があり、三池、神池、みかどなどと呼んで、好奇心から見学に行く文人たちもいた。カルデラは東西18km、南北25kmで約5万人が住んでいる。五岳の最高峰中岳（1,506m）火口は常に活発に活動し、近くには牧草地の草千里が広がり、仙酔峡にはミヤマキリシマが咲き誇る。急崖をなす外輪山から見渡す阿蘇五岳と広大なカルデラには圧倒される。周辺には温泉地が数多い。古代から牛馬の飼育が盛んで、採草放牧地となる草原景観が広がるが、牛肉の輸入自由化などで畜産業は衰退し、採草放牧地は荒れて草原の森林化が始まっている。この草原はハナシノブ、ヒゴタイ、ツクシマツモトなどの貴重な草花の宝庫でもある。ボランティアによる野焼きや環境省の風景地保護協定により草原維持活動が図られている。2013（平成25）年、世界農業遺産「阿蘇の草原の維持と持続的農業」となる。

　戦前の12国立公園は同時に内定しながら、区域の決定や関係各省の調整の関係から、1934（昭和9）年から36（昭和11）年にかけて3群に分かれて指定され、阿蘇国立公園は遅れて2群目となってしまう。現在の審議会に相当する当時の国立公園委員会の委員であった東京帝国大学元教授の偉大な林学博士本多静六は阿蘇が遅れることに強く反対する。12カ所一括指定をすること、それが駄目ならせめて九州3カ所は同時指定をすることに固執した。本多は国立公園制度の誕生に多大の貢献をした熊本の松村辰喜に配慮していたのである。阿蘇出身の松村は表舞台で活躍することはなかったが、内務省嘱託田村剛の2回の阿蘇調査を案内していること、漢城（現ソウル）新報社で熊本出身の主宰者安達謙蔵に仕えた縁から後に安達内務大臣の国立公園法制定に尽力すること、世論を盛りあげる国立公園協会の設立を説き、その協会長に熊本の藩主子孫の細川護立侯爵を据えること、阿蘇国立公園期成会をいち早く設立し、後に社団法人大阿蘇国立公園協会

に発展させ、広く九州の国立公園指定運動を行うことなど、東奔西走していた。国立公園誕生には松村、安達、細川と熊本県人が深く関わっていた。

三 雲仙天草国立公園天草諸島　＊史跡、名勝

　天草諸島は熊本県の宇土半島の南端に延びる諸島で、北西の島原湾、南東の八代海の間に位置している。諸島は沈降した山地の山頂部で、大きな上島と下島のつながっている2島を中心に大小120余りの島々からなる多島海である。海岸線もリアス海岸で屈曲が激しく、変化に富んでいる。宇土半島と上島は天草五橋からなる天草パールラインで結ばれ、天草松島と呼ばれる日本三景の松島のような小島が集まる多島海を見ることができる。
　海中景観や生物多様性を守る海域公園地区が富岡、天草、牛窓の3地区指定され、牛窓地区は海域が9カ所にわたり、大面積となっている。1934（昭和9）年誕生の雲仙国立公園に天草が56（昭和31）年編入され、雲仙天草国立公園と改称された。雲仙の山岳と天草の海洋というまったく異質な景観が飛地で組み合わされることは戦前には考えられなかったが、長崎県の西海国立公園と同様、戦後の海洋重視、観光振興などから生まれることとなった。
　江戸初期の1637（寛永14）年、肥前の島原と肥後の天草で厳しい年貢取りたてに反抗して一揆が起きる。天草は16歳の少年天草四郎（本名、益田四郎時貞）が総大将として、キリシタンが団結して大きな内乱に発展する。島原の乱である。当時の戦乱の舞台となった一つ富岡城址は砂州でつながった島である陸繋島にあり、公園の利用拠点になっている。

三 九州中央山地国定公園九州山地　＊ユネスコエコパーク

　九州山地は九州を南北に連なる脊梁山地であり、1,000ｍ以上の山々がどこまでも連なり、厚い森林に覆われ、深い峡谷が縦横に走っている。その中央の熊本県と宮崎県に位置する核心部が国定公園に指定されている。県境にまたがる国見岳（1,739ｍ）とその周辺や、その南に秀麗な山容を見せる市房岳、深い照葉樹林が広がる宮崎県綾の大森岳山腹（ユネスコエコパーク）などである。山岳上部にはブナ林の落葉広葉樹、下部は照葉樹林の常緑広葉樹を見ることができる。山麓には秘境として知られ、平家落人伝説が残る熊本県の五木、五家荘、宮崎県の椎葉の村がある。

都 熊本城公園
くまもとじょう

*特別史跡、重要文化財、天然記念物、日本の歴史公園100選

　熊本市の中心に位置する熊本城は1588（天正16）年に加藤清正が築いた城である。1600年代には本丸、二の丸、三の丸あわせて100haの土地に大小の天守、櫓49、櫓門18、城門29がある壮大な城郭が完成した。しかし天守をはじめ多くの建物は西南の役の際に消失してしまった。その後熊本城には軍の司令部が設置され、焼け残った宇土櫓なども管理されないままだった。こうした状況を見かねた有志によって熊本城の保存会が結成され1927（昭和2）年にまず宇土櫓が修理された。三重五層の宇土櫓は宇土城の天守の移築ともいわれたほどで、改修された櫓を見に各地から訪れる人が絶えなかったという。33（昭和8）年には宇土櫓や長塀など13件が「熊本城」として重要文化財に、「熊本城跡」は史跡に指定された。

　第二次世界大戦後は熊本市の象徴である城跡を市民の憩いの場にする動きが高まり、49（昭和24）年に本丸地区が公園として開放され60（昭和35）年にはコンクリート造の天守が再建された。天守を設計した建築史家の藤島通夫は写真資料と古図を頼りにみずから細部の原寸図を描いた。公園には、ほかにもさまざまな施設が整備された。1952（昭和27）年に監物台樹木園が開設したのをはじめ60（昭和35）年に野球場が整備され76（昭和51）年には県立美術館が開館した。これらのほかに、あまり知られていない文化財もある。県営野球場の近くにある「藤崎台のクスノキ群」で24（大正13）年に国の天然記念物に指定されている。

　1955（昭和30）年に特別史跡に指定された熊本城跡は近年30年から50年かけてかつての壮大な城を復元する計画が策定され、本丸御殿大広間をはじめ櫓や大手門などの整備が進められていた。2016（平成28）年の熊本地震で熊本城は大きな被害をうけた。城の見所の一つである美しい曲線を描く石垣が崩壊し天守の瓦は落ち建物も倒壊した。城の再興には多くの寄付が集まり復旧への取り組みが続けられている。

都 エコパーク水俣（水俣広域公園）
みなまた　　みなまたこういき

　水俣市の海に水銀で汚染された泥を封じ込めてできた土地の上につくられた公園である。チッソ水俣工場の排水に含まれた強い毒性をもつメチル水銀が魚貝に取り込まれ、それを食べ続けた人々が水俣病を発症したのは

1950年代のことだった。汚染の拡大を防ぐために水俣湾の底にたまっていた高濃度の水銀が含まれる泥を浚渫し鋼でできた枠を設置した埋立地に送りこみ、その上に良質の土を被せる工事が行われた。14年間、485億円をかけて1990（平成2）年に埋め立てが終了した。かつてたくさんの魚が泳いでいた水俣湾は埋立地へと変貌したのである。その後17年かけて公園が整備され2007（平成19）年にエコパーク水俣が開園した。埋立地の7割を占める約40haの広大な敷地に陸上競技場やバラ園がありさまざまなイベントにも利用されている。水俣病が公式に確認されて60年以上が経過した。公園では毎年水俣病の犠牲者を追悼する「火のまつり」が開催され、水俣湾では現在も水銀濃度の調査が続けられている。

都 歴史公園鞠智城　＊史跡、日本の歴史公園100選

鞠智城は7世紀後半に築かれた山城で、山鹿市と菊池市にまたがって所在する。白村江の戦いで唐と新羅の連合軍に大敗した当時の政権が防衛のために九州を中心に築いたいわゆる古代山城の一つである。鞠智城は大宰府やほかの城に物資を供給する支援基地だったと考えられている。発掘調査では70棟以上の建物跡や貯水池、貯木場など山城の様子がわかる遺構が確認された。公園のシンボルは復元された八角形の鼓楼である。見張りと鼓の音で時を知らせるための建物と考えられている。場所が確認された九州の古代山城跡のうち、鞠智城跡は国の史跡に、大野城跡、基肄（椽）城跡、金田城跡は特別史跡に指定されている。

庭 水前寺成趣園　＊名勝、史跡

熊本藩細川氏の初代藩主細川忠利が、1632（寛永9）年に入国した際に、従ってきた耶馬渓の羅漢寺住職のために、寺を建立して水前寺と命名したのが、成趣園の始まりだった。36（寛永13）年に休息用の茶屋を建てて、水前寺に所属させたことから「水前寺御茶屋」と呼ばれている。

3代藩主綱利の時に1670（寛文10）年から翌年にかけて、別墅（別荘）屋敷として改造が行われた。作庭には藩の茶道方の初代萱野甚斎（1620〜1707）があたっている。当時の絵図によると、総坪数は17,015坪（5.6ha）ほどだった。陶淵明（365〜427）の詩「帰去来辞」の「園は日に渉って以て趣を成す」からとって、園名は「成趣園」とされた。

この庭園の特色は、富士山型の築山を設けたことだった。江戸時代は参勤交代の影響があったためか、全国的に庭園に富士山型の築山をつくることが流行して、数多く築かれている。成趣園の場合は、樹木をあまり植えずに芝生を張っただけなので、富士山の形が一層明瞭になっている。広大な園池も成趣園の魅力だが、2016（平成28）年の熊本地震で、地下水脈が分断されて湧水が途絶えて、園池が涸れ上がった。水位は再びもとに戻って、園池の水源は湧水だったことが、再確認されることになった。

　6代藩主重賢の時期には、1755（宝暦5）年に成趣園にあった酔月亭以外の建物が取り壊された。重賢は藩の財政改革のために質素倹約を打ち出して、「宝暦の改革」と呼ばれた政策を断行しているから、別邸の維持管理費を最低限度に抑えるために、酔月亭だけを残すことにしたのだろう。

　明治になってからは、西南戦争が問題を引き起こしている。1877（明治10）年の戦いで酔月亭が焼失したために、京都の八条宮家の「古今伝授の間」が、1912（大正元）年に酔月亭の跡地に移築されている。その一方、成趣園が荒廃したことを憂いた人々からは、版籍奉還で官有地になった成趣園の払い下げの要望が出された。熊本の復興のために歴代藩主を祀る出水神社が、1878（明治11）年に園内に創建されたことから、成趣園は出水神社神苑として払い下げられて、今日に至っている。

庭 旧熊本藩八代城主御茶屋（松浜軒）庭園　＊名勝

　八代城の北西側の八代市北の丸町に、御茶屋（松浜軒）庭園は存在している。細川藤孝（幽斎）・忠興（三斎）以来、細川家と主従関係をもつ松井氏は筆頭家老だったことから、1646（正保3）年に八代城城代になっている。3代目直之は1688（元禄元）年に、生母崇芳院のために御茶屋を建て、八代海を見渡せる浜辺だったことから、「松浜軒」と命名した。古くからの沼池を園池として、球磨川からの水を入れていた。

　現在も庭園内には2階建ての御殿が残っていて、その北側と西側を園池が囲っている。園池の北側部分には大きな中島があり、西側は昔の沼地（赤女ヶ池）で、南側部分には八ツ橋が架けられている。池の肥後花菖蒲は有名で、5月下旬から6月上旬にかけて5,000株が咲くという。

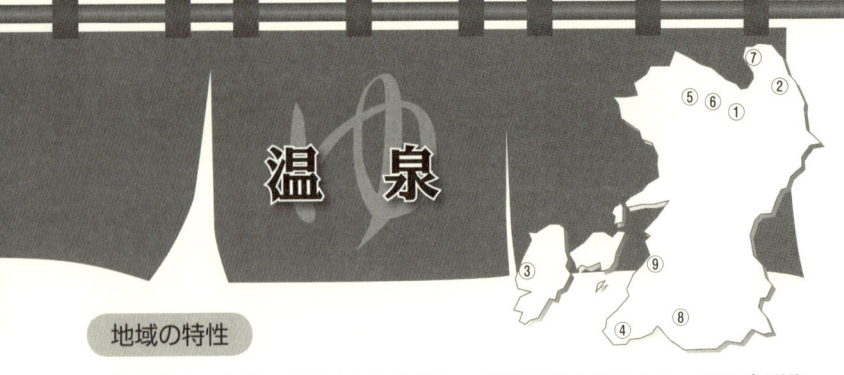

温　泉

地域の特性

　熊本県は、九州のほぼ中央に位置し、東は九州山地の山々、西は有明海、島原湾、八代海などに面する地域で構成されている。熊本平野を中心にカンショ、トマト、メロン、ミカン、葉タバコ、肉用牛、牛乳など各種の農畜産物の生産が全国トップ5位以内に入っている。一方、IC関係の産業も増えるとともに、阿蘇、天草、熊本、八代などの観光地も活発化している。熊本城、水前寺公園、阿蘇などの主な観光地や人吉の球磨川下り、天草、山鹿など、多様な観光対象があるので、その組み合わせを考えたい。

◆旧国名：肥後　県花：リンドウ　県鳥：ヒバリ

温泉地の特色

　県内には宿泊施設のある温泉地が137カ所あり、42℃以上の高温源泉が多く758カ所もある。温泉湧出量は毎分13.5万ℓで全国5位の地位にある。年間延べ宿泊客数は285万人を数え、全国では16位である。源泉の温度は42℃以上の高温泉が60％を占める。各温泉地の年間延べ宿泊客数は、内牧の34万人をはじめ、黒川、山鹿、坊中が20万人台で続き、以下に植木、菊池、人吉が10万人台を数える。国民保養温泉地は天草下田、南小国、湯の鶴があり、特に南小国の黒川温泉はユニークな滞在システムを導入して、観光保養温泉地のモデルをなしている。

主な温泉地

①阿蘇内牧（あそうちのまき）

33万人、75位

硫酸塩泉、酸性泉、単純温泉

　県北東部、阿蘇山は高岳を主峰とし、隣接して現在も噴煙を上げる中岳、その西には草千里ヶ浜の南北に聳える杵島岳と烏帽子岳、そして高岳の東に山頂部が鋸歯のような切り立った根子岳で構成される。これら5つの中

央火口丘群は阿蘇五岳とよばれている。これに東西18km、南北25km、周囲90kmに及ぶ世界最大規模のカルデラと広大な外輪山を加えて阿蘇山と総称されている。阿蘇山の火山活動は30万年前から始まり、4回の大きな活動期を経て現在の火山地形が形成された。中岳火口の見物は世界でも珍しく、国内外から多くの観光客が訪れている。

阿蘇山の温泉地は、外輪山の裾野と中央火口丘群付近に集中している。烏帽子岳中腹の地獄温泉や垂玉、湯の谷温泉では、70～90℃の高温泉が湧出する。外輪山麓のカルデラ内に湧く内牧、赤水、栃木などの温泉は、適温でそのまま入浴ができる。特に内牧温泉は135の源泉をもち、毎分1万2,000ℓ（自噴泉53%）の温泉が湧出する阿蘇地域最大の温泉地である。硫酸塩泉、酸性泉、単純温泉など泉質も多様である。また、地獄温泉は200年ほど前の江戸時代後期からの湯治場として利用され、現在でも保養や療養目的の客が多い。その泉質はpH値1.74の強酸性泉であり、白濁した湯である。

交通：JR豊肥本線内牧駅、バス10分

②南小国（黒川・田の原・満願寺）

（みなみおぐに）

27万人、91位
国民保養温泉地
塩化物泉、硫黄泉

県北東部、阿蘇外輪山の裾野と九重連山の麓が接する南小国町の山間部に、南小国国民保養温泉地がある。標高700mに位置する黒川温泉のほか、田の原、満願寺の3温泉地で構成されており、1964（昭和39）年に国民保養温泉地に指定された。特に評価が高く、多くの温泉客が訪れるのが30軒ほどの旅館が集中する黒川温泉であり、他の2温泉地には各3～4軒の宿がある。1970年代の温泉案内書によれば、いずれも療養温泉地であり、1980年代でも夏季には観光客が立ち寄ることはあっても、その他の時期は湯治客が多かった。

ところが1986（昭和61）年、黒川温泉では旅館経営者が一体となることで、観光客が押し寄せるほどの温泉地へ変貌することになった。観光旅館協同組合が「入湯手形」を発行し、多くの旅館が新たに設置した露天風呂のうち、3カ所に入浴できることにしたのである。その背景に、2軒の旅館が露天風呂を設置する土地がなかったことがあった。各旅館は80～100℃という高温の温泉資源を所有しており、それぞれ個性的な露天風呂

を設置した。この露天風呂めぐりは、長野県の渋温泉にヒントを得たといい、入湯手形の売上は毎年1万枚ずつ増加し、1995（平成7）年までに延べ54万枚の手形を販売したのである。観光旅館協同組合の予算は約1億6,000万円に上った。この間、各旅館看板の撤去、共同看板の設置、植樹などの町並みの環境整備を推進するとともに、旅館の下駄の統一、共同パンフレットの作成、日曜朝市の開始、温泉観光シンポジウムの開催など、地域の共同歩調を基本とした活動を展開していて評価される。こうして、黒川温泉では旅館の稼働率は40～50％に上った。

　黒川温泉では、渓谷沿いに中小規模の和風旅館が並び、建物の色、形状にも配慮しているので、温泉情緒を味わうことができる。一方、露天風呂めぐりでの宿泊客と日帰り客との競合、季節、曜日、時間による混雑、駐車場の不足などの問題もある。今後とも、旅館経営、環境保全の両面に配慮した適正規模のもとに、温泉を心身の癒しに利用する人々に豊かなホスピタリティをもって接するならば、安定した真の温泉リゾートとしてさらに発展するであろう。

交通：JR豊肥本線阿蘇駅、バス40分、JR久大本線日田駅、バス2時間

③天草下田（あまくさしもだ）　国民保養温泉地　塩化物泉

　県南西部、天草下島西端の天草灘に面する温泉地である。雲仙天草国立公園に属し、さらに我が国初の海中公園にもなっている。温泉は45℃ほどの高温の塩化物泉が毎分1,900ℓも湧出して温泉資源に恵まれており、1963（昭和38）年に国民保養温泉地に指定された。海岸は波の浸食による断崖や洞門が形成され、さらにリアス海岸と砂浜海岸が入り混じり、海岸景観に変化を与えている。1966（昭和41）年に大矢野島と天草上島が橋でつながり、この天草パールラインが脚光を浴びて天草下田の発展をもたらした。

交通：JR鹿児島本線熊本駅、本渡までバス150分、本渡～天草下田60分

④湯の鶴（ゆのつる）　国民保養温泉地　硫黄泉、単純温泉

　県南西端、不知火海を望む水俣市には山の湯の鶴温泉と海の湯の児温泉がある。湯の鶴は湯出川（ゆでがわ）が形成する山峡にあり、1980（昭和55）年に国民保養温泉地に指定され、後に国民保健温泉地にも指定された。九州新幹

線新水俣駅から南へほぼ10kmの距離にある。平家の落人による温泉発見伝説があり、老舗旅館は江戸時代末期に開業した。内務省の『日本鉱泉誌下巻』によれば、明治初期には渓流の縁より温泉が湧出し、湯出温泉とよばれていた。湯小屋には2つの浴槽があり、旅館は17軒を数えた。各旅館は源泉を所有し、温度は42〜59℃の高温泉で、湧出量は毎分1,400ℓに及ぶ。泉質は硫黄泉に加えて、新たに掘られた単純温泉もある。湯治客や保養目的の近在の農漁民などが多く、環境省の助成で全天候型ゲートボール場が開設され、湯出財産区所有の共同浴場は高台へ移されて湯の鶴温泉保健センターとなった。

現在、湯治目的の自炊客は大幅に減少し、2〜3日の滞在をして保養するには最適の温泉地である。4旅館が共同で「湯の鶴温泉湯治村」の名のもとに、格安の宿泊キャンペーンを実施した。また、温泉場周辺には杉や檜の森林が広がり、石造りの見事な棚田があって棚田花公園が整備されている。湯出川上流の頭石地区では「村丸ごと生活博物館」を立ち上げてエコツーリズムを実践している。さらに、水俣大滝をはじめ七滝めぐりができるので、大学生がゼミ合宿で訪れるようになり、さらにNPOの教育旅行プランのもとに修学旅行生が増加した。水俣市の中心地域には徳富蘇峰記念館や世界の竹を集めた竹林園、和ろうそくの侍街道はぜのき館、水俣病資料館などもあり、教養観光に適している。

交通：JR九州新幹線新水俣駅、タクシー25分

⑤山鹿　単純温泉

県北西部、菊池川沿いに発展した温泉地であり、1157（保元2）年に保元の乱で敗れた宇野親治が山中で鹿の湯浴みを見て山鹿の地名をつけたという。古くから洗濯にまで温泉を使ってきたことから、「山鹿千軒たらいなし」といわれてきた。温泉の温度は25〜42℃で高くはないが、湯量は毎分9,500ℓもあって豊富である。共同浴場の桜湯は「温泉プラザ山鹿」内にあり、その木造、瓦葺きの見事な玄関は和風温泉浴場の原型を残している。山鹿温泉の祭りのハイライトは、大宮神社で8月16日に行われる燈籠祭りであり、紙で作った燈籠を頭にのせた女性が夜を徹して優雅な踊りを奉納する。温泉街のメインストリートになっている旧豊前街道には、明治末期に建てられた八千代座をはじめ、燈籠民芸館、酒造資料館なども

ある。

交通：JR鹿児島本線瀬高駅、バス1時間

⑥菊池（きくち）　単純温泉

　県中北部、熊本県北部の中心都市であり、温泉は長老の夢枕に立った白龍のお告げを受け、1954（昭和29）年に開発されたという新興の温泉地である。奈良時代に郡役所が置かれ、14世紀中葉の南北朝時代に菊池氏の居城として栄えた歴史を有する。菊池城跡、出城の十八外城跡、後醍醐天皇の皇子の宮跡など史跡が多い。また、菊池渓谷では日本の滝百選の各種の滝があり、4月の山藤、6月のあじさい、11月上旬の紅葉などや年中開催されている祭りや各種のイベントは、多くの客を集めている。

交通：JR鹿児島本線熊本駅、バス1時間15分

⑦杖立（つえたて）　塩化物泉

　県北東部、九州の山岳地帯の真只中に位置する杖立川沿岸の温泉地である。大分県境に隣接しているので、1軒の有力旅館は熊本県と大分県の両県にまたがっている。一帯は杉の木立で覆われた環境にあり、90℃を超える高温の温泉が湧き出して湯けむりを上げ、温泉情緒に溢れている。共同浴場が6カ所もあり、元湯は応神天皇が産湯を使われたとのことで、杖立温泉発祥の湯といわれる。高温の温泉は炊事や暖房にも使われており、温泉入浴のみならず山の生活に切り離せない役割を果たしている。4月中旬から1カ月間ほど、川の上を3,500もの鯉のぼりが泳ぐ光景には驚かされ、旧盆の温泉夏祭りでは、漁火に集まるアユを手づかみでとって食べる火振り鮎漁、大型の精霊船に火を灯す精霊流し、2,000発を打ち上げる花火大会などが行われる。

交通：JR久大本線日田駅、バス50分

⑧人吉（ひとよし）　塩化物泉

　県南部、球磨川中流の拠点である人吉市にある温泉地で、42℃以上の高温の源泉が70％を占め、温泉湧出量は毎分7,200ℓという豊富さである。温泉利用の共同浴場が30カ所もあって、市民や観光客は温泉浴を気軽に楽しむことができる。人吉は藩政期には相良藩の城下町として栄え、人吉

城跡や武家屋敷の町並みが情緒を醸し出している。

　最上川、富士川と並んで日本三大急流である球磨川の川下りの拠点であり、急流を下る観光客が絶えない。また、川面を覆う朝霧、アユと球磨焼酎の産地としても知られ、歴史と温泉と特産品に特化した観光温泉地として年間15万人の宿泊客を集めている。2015（平成27）年5月末に人吉駅の隣接地に市営の「人吉鉄道ミュージアム」が開設され、ジオラマ、展示、ミニトレインなど新たな観光要素が加わった。ミニトレイン以外は無料であり、地域活性化に資するであろう。

交通：JR九州新幹線八代駅、肥薩線1時間20分

⑨日奈久（ひなぐ）　単純温泉

　県中西部、八代海（不知火海）を望む位置にあり、15世紀の室町時代に発見されたという歴史のある温泉地である。近世期には藩政下にあって藩営の温泉地として利用され、浴場は殿様用、士族用、庶民用に分かれていた。この熊本藩の御前湯跡地には温泉センターがあり、一帯は名物の日奈久ちくわ店、旅館や飲食店などが集まって、温泉街の雰囲気を醸成している。毎年、旧暦の8月1日には、八代海の不知火を見物する客で賑わう。日奈久は太刀魚やワタリガニなどの海産物とともに、ミカンやビワの産地でもあり、温泉浴とともに特産物の味覚を楽しめる。

交通：JR九州新幹線八代駅、肥薩おれんじ鉄道日奈久駅

執筆者 / 出典一覧

※参考参照文献は紙面の都合上割愛
しましたので各出典をご覧ください

I 歴史の文化編

【遺　跡】　石神裕之　（京都芸術大学歴史遺産学科教授）『47都道府県・遺跡百科』(2018)

【国宝 / 重要文化財】　森本和男　（歴史家）『47都道府県・国宝 / 重要文化財百科』(2018)

【城　郭】　西ヶ谷恭弘　（日本城郭史学会代表）『47都道府県・城郭百科』(2022)

【戦国大名】　森岡　浩　（姓氏研究家）『47都道府県・戦国大名百科』(2023)

【名門 / 名家】　森岡　浩　（姓氏研究家）『47都道府県・名門 / 名家百科』(2020)

【博物館】　草刈清人　（ミュージアム・フリーター）・可児光生　（美濃加茂市民ミュージアム館長）・坂本　昇　（伊丹市昆虫館館長）・髙田浩二　（元海の中道海洋生態科学館館長）『47都道府県・博物館百科』(2022)

【名　字】　森岡　浩　（姓氏研究家）『47都道府県・名字百科』(2019)

II 食の文化編

【米 / 雑穀】　井上　繁　（日本経済新聞社社友）『47都道府県・米 / 雑穀百科』(2017)

【こなもの】　成瀬宇平　（鎌倉女子大学名誉教授）『47都道府県・こなもの食文化百科』(2012)

【くだもの】　井上　繁　（日本経済新聞社社友）『47都道府県・くだもの百科』(2017)

【魚　食】　成瀬宇平　（鎌倉女子大学名誉教授）『47都道府県・魚食文化百科』(2011)

【肉　食】　成瀬宇平　（鎌倉女子大学名誉教授）・横山次郎　（日本農産工業株式会社）『47都道府県・肉食文化百科』(2015)

【地　鶏】　成瀬宇平　（鎌倉女子大学名誉教授）・横山次郎　（日本農産工業株式会社）『47都道府県・地鶏百科』(2014)

【汁　物】　野﨑洋光　（元「分とく山」総料理長）・成瀬宇平　（鎌倉女子大学名誉教授）『47都道府県・汁物百科』(2015)

【伝統調味料】　成瀬宇平　（鎌倉女子大学名誉教授）『47都道府県・伝統調味料百科』(2013)

【発　酵】　北本勝ひこ　（日本薬科大学特任教授）『47都道府県・発酵文化百科』(2021)

【和菓子 / 郷土菓子】 亀井千歩子 （日本地域文化研究所代表）『47都道府県・和菓子 / 郷土菓子百科』(2016)
【乾物 / 干物】 星名桂治 （日本かんぶつ協会シニアアドバイザー）『47都道府県・乾物 / 干物百科』(2017)

Ⅲ　営みの文化編

【伝統行事】 神崎宣武 （民俗学者）『47都道府県・伝統行事百科』(2012)
【寺社信仰】 中山和久 （人間総合科学大学人間科学部教授）『47都道府県・寺社信仰百科』(2017)
【伝統工芸】 関根由子・指田京子・佐々木千雅子 （和くらし・くらぶ）『47都道府県・伝統工芸百科』(2021)
【民　話】 花部英雄 （元國學院大學文学部教授）/ 花部英雄・小堀光夫編『47都道府県・民話百科』(2019)
【妖怪伝承】 鈴木寛之 （熊本大学文学部准教授）/ 飯倉義之・香川雅信編、常光 徹・小松和彦監修『47都道府県・妖怪伝承百科』(2017) イラスト © 東雲騎人
【高校野球】 森岡 浩 （姓氏研究家）『47都道府県・高校野球百科』(2021)
【やきもの】 神崎宣武 （民俗学者）『47都道府県・やきもの百科』(2021)

Ⅳ　風景の文化編

【地名由来】 谷川彰英 （筑波大学名誉教授）『47都道府県・地名由来百科』(2015)
【商店街】 正木久仁 （大阪教育大学名誉教授）/ 正木久仁・杉山伸一編著『47都道府県・商店街百科』(2019)
【花風景】 西田正憲 （奈良県立大学名誉教授）・上杉哲郎 （㈱日比谷アメニス取締役・環境緑花研究室長）・佐山 浩 （関西学院大学総合政策学部教授）・渋谷晃太郎 （岩手県立大学総合政策学部教授）・水谷知生 （奈良県立大学地域創造学部教授）『47都道府県・花風景百科』(2019)
【公園 / 庭園】 西田正憲 （奈良県立大学名誉教授）・飛田範夫 （庭園史研究家）・黒田乃生 （筑波大学芸術系教授）・井原 縁 （奈良県立大学地域創造学部教授）『47都道府県・公園 / 庭園百科』(2017)
【温　泉】 山村順次 （元城西国際大学観光学部教授）『47都道府県・温泉百科』(2015)

索　　引

47都道府県ご当地文化百科・熊本県

令和6年11月30日　発　行

編　者　丸　善　出　版

発行者　池　田　和　博

発行所　丸善出版株式会社
〒101-0051 東京都千代田区神田神保町二丁目17番
編集：電話 (03) 3512-3264／FAX (03) 3512-3272
営業：電話 (03) 3512-3256／FAX (03) 3512-3270
https://www.maruzen-publishing.co.jp

組版印刷・富士美術印刷株式会社／製本・株式会社 松岳社

ISBN 978-4-621-30966-7　C 0525　　　　　Printed in Japan

【好評既刊 ● 47都道府県百科シリーズ】

（定価：本体価格3800〜4400円＋税）

47都道府県・**伝統食百科**……その地ならではの伝統料理を具体的に解説

47都道府県・**地野菜/伝統野菜百科**……その地特有の野菜から食べ方まで

47都道府県・**魚食文化百科**……魚介類から加工品、魚料理まで一挙に紹介

47都道府県・**伝統行事百科**……新鮮味ある切り口で主要伝統行事を平易解説

47都道府県・**こなもの食文化百科**……加工方法、食べ方、歴史を興味深く解説

47都道府県・**伝統調味料百科**……各地の伝統的な味付けや調味料、素材を紹介

47都道府県・**地鶏百科**……各地の地鶏・銘柄鳥・卵や美味い料理を紹介

47都道府県・**肉食文化百科**……古来から愛された肉食の歴史・文化を解説

47都道府県・**地名由来百科**……興味をそそる地名の由来が盛りだくさん！

47都道府県・**汁物百科**……ご当地ならではの滋味の話題が満載！

47都道府県・**温泉百科**……立地・歴史・観光・先人の足跡などを紹介

47都道府県・**和菓子/郷土菓子百科**……地元にちなんだお菓子がわかる

47都道府県・**乾物/干物百科**……乾物の種類、作り方から食べ方まで

47都道府県・**寺社信仰百科**……ユニークな寺社や信仰を具体的に解説

47都道府県・**くだもの百科**……地域性あふれる名産・特産の果物を紹介

47都道府県・**公園/庭園百科**……自然が生んだ快適野外空間340事例を紹介

47都道府県・**妖怪伝承百科**……地元の人の心に根付く妖怪伝承とはなにか

47都道府県・**米/雑穀百科**……地元こだわりの美味しいお米・雑穀がわかる

47都道府県・**遺跡百科**……原始〜近・現代まで全国の遺跡＆遺物を通観

47都道府県・**国宝/重要文化財百科**……近代的美術観・審美眼の粋を知る！

47都道府県・**花風景百科**……花に癒される、全国花物語350事例！

47都道府県・**名字百科**……NHK「日本人のおなまえっ！」解説者の意欲作

47都道府県・**商店街百科**……全国の魅力的な商店街を紹介

47都道府県・**民話百科**……昔話、伝説、世間話…語り継がれた話が読める

47都道府県・**名門/名家百科**……都道府県ごとに名門/名家を徹底解説

47都道府県・**やきもの百科**……やきもの大国の地域性を民俗学的見地で解説

47都道府県・**発酵文化百科**……風土ごとの多様な発酵文化・発酵食品を解説

47都道府県・**高校野球百科**……高校野球の基礎知識と強豪校を徹底解説

47都道府県・**伝統工芸百科**……現代に活きる伝統工芸を歴史とともに紹介

47都道府県・**城下町百科**……全国各地の城下町の歴史と魅力を解説

47都道府県・**博物館百科**……モノ＆コトが詰まった博物館を厳選

47都道府県・**城郭百科**……お城から見るあなたの県の特色

47都道府県・**戦国大名百科**……群雄割拠した戦国大名・国衆を徹底解説

47都道府県・**産業遺産百科**……保存と活用の歴史を解説。探訪にも役立つ

47都道府県・**民俗芸能百科**……各地で現存し輝き続ける民俗芸能がわかる

47都道府県・**大相撲力士百科**……古今東西の幕内力士の郷里や魅力を紹介

47都道府県・**老舗百科**……長寿の秘訣、歴史や経営理念を紹介

47都道府県・**地質景観/ジオサイト百科**……ユニークな地質景観の謎を解く

47都道府県・**文学の偉人百科**……主要文学者が総覧できるユニークなガイド